# INTRODUCTION.

*Expectavimus pacem, et non erat bonum,; tempus medelæ, et ecce formido.*

Nous avons attendu la paix, et le bien n'est pas venu ; le remède, et voici l'épouvante. (*Jérémie, ch. 8, v. 15.*)

Au milieu des mondes divers livrés à l'incessante activité de la liberté humaine, aucun fait n'est isolé. Dans l'ordre moral comme dans l'ordre physique, dans l'ordre politique comme dans l'ordre social, tout s'enchaîne, tout se lie dans une indissoluble continuité. Les faits se rattachent à des causes, comme les conséquences à des principes, et il n'en est aucun qui ne se lie par une chaîne nécessaire au libre accomplissement, ou à la violation libre de quelque loi.

Le nier serait substituer à Dieu un mot vide d'idée : le hasard ; ce serait briser la raison et la logique qui en est la règle suprême, et, arrachant à leurs fondements l'ordre, l'esprit humain, la conscience, jeter l'homme, la famille, les sociétés et les mondes, à tous les vents et à tous les caprices d'une anarchie ou d'un despotisme éternels. Ainsi le joueur jette sa fortune aux chances aventureuses d'un coup de dé, et les enfants, à tête ou pile, l'objet de leurs différends.

Cette légèreté ou cette folie, quoi qu'on fasse pour se le dissimuler, est moins rare qu'on ne pense ; elle n'est pas la cause la moins efficace des alarmes qui nous agitent et des maux que nous déplorons, ni le moindre obstacle aux remèdes qui pourraient les guérir ou les faire cesser. Il est si peu d'hommes, par le temps qui court, et parmi ceux mêmes qui croient penser, qui demandent à la raison ou à la foi, cette raison souveraine de Dieu, la cause ou le principe des révolutions qui soulèvent le monde et inclinent vers les abîmes toutes les sociétés !

Cependant, c'est maintenant ou jamais le temps de réfléchir, de se rendre compte, de laisser loin, bien loin derrière soi les préventions et les préjugés, et, s'élevant au-dessus d'intérêts et de plaisirs, dont il ne restera bientôt qu'un souvenir amer, d'interroger avec suite et fermeté le passé et le présent, si l'on veut avoir encore un avenir, et ne pas voir s'engloutir dans le gouffre béant devant nous, nos familles, nos cités, et la France, et l'Europe elle-même.

Les questions de personnes, de gouvernements même n'ont jamais rien résolu chez nous, ne peuvent rien résoudre. Toutes ont été épuisées et en vain. Nous avons eu la monarchie tempérée par des parlements, la république sous toutes les faces, l'empire et les formes absolues du sabre, la monarchie constitutionnelle et les pouvoirs pondérés, des constituantes, des conventions, un conseil des anciens, un conseil des cinq-cents, un tribunat, un corps législatif, un sénat, des pairs, des députés, des chambres muettes et des chambres parlantes, des chambres intègres et des chambres corrompues, des chambres de monopole et de bon plaisir, et des assemblées nationales et du suffrage universel. Nous avons eu la Montagne et les Girondins, les clubs et les comités de salut public, des droites, des gauches, des centres de toute façon, régnant tour à tour avec omnipotence, et faisant jaillir de leurs conflits quotidiens les lumières ou les ténèbres, des flots de sang et des budjets d'un milliard et demi ; nous avons tout exploré, tout usé, et le mal n'a fait que grandir. De chacun de ces régimes, nous avons attendu la paix, et le bien n'en est pas sorti ; le remède, et voici l'épouvante.

Nous avons eu un duc d'Orléans et la régence, Louis XV et la marquise de Pompadour, le duc de Choiseul et M. de Voltaire ; Louis XVI, M. Turgot, et M. Necker, et Barnave, et Mirabeau, et Lafayette, et les Lameth ; puis, les citoyens Vergniaud et Marat, Grégoire et Robespierre ; puis, des directeurs et des consuls, et Barras, et Sièyes, et Bonaparte. Nous avons eu un empereur des Français, Napoléon, deux rois de France, Louis XVIII et Charles X, un roi des Français, Louis-Philippe I$^{er}$, et sous eux et avec eux, des ministres sans nombre, de tous les partis, de tous les caractères, de tous les genres d'esprit, de toutes les nuances d'opinions ; toutes les combinaisons gouvernementales et ministérielles ont été parcourues, et tous les problèmes sociaux sont restés les mêmes. Tous, plus que jamais, se dressent sur nos têtes, et menaçants, formidables, demandent une solution, tandis que les mille échos de la presse sonnent le glas de mort, et répètent pour la centième fois et sur tous les

tons : Où allons-nous ? à l'entier anéantissement du travail, à l'extinction du crédit, à la
ruine du commerce, à la misère, à la banqueroute, à la guerre civile, au pillage, au mas-
sacre, au despotisme, à la mort !

Que dis-je ! au nom de la souffrance et de la
fraternité, une solution est jetée aux gouvernements, comme un défi, par des masses innombrables, lasses d'attendre; et cette solution
devient elle-même la plus vaste, la plus profonde, la plus effrayante des questions, celle
qui semble les résumer toutes, et vouloir, à la
lueur des incendies, à travers le sang et les
ruines, ramener à l'état sauvage les sociétés
les plus civilisées; cette question, cette solution, c'est le communisme. Son nom seul,
comme un levier terrible, soulève et secoue les
nations ; sa discussion fait trembler le sol,
comme une terre qu'un volcan travaille ; un
doute universel semble la précéder et la suivre, confondant et effaçant toutes les notions
du droit et du devoir, du juste et de l'injuste,
arrachant tous les appuis moraux de l'ordre
et de la confiance ; et, pour en hâter ou en repousser les formidables conséquences, travailleurs et bourgeois, riches et pauvres, le désespoir et l'épouvante en appellent également
partout, et sont obligés d'en appeler à la force

brutale, comme à l'unique et dernière raison du monde civilisé.

Plus d'autre tribunal suprême, plus d'autre loi : et de quelque côté qu'elle se range, la victoire est un abîme, où les sociétés semblent devoir disparaître à travers des flots de sang, écrasées et broyées par un despotisme sans frein, sans principe et sans nom, ou déchirées, mises en pièces par la plus radicale et la plus universelle anarchie. Jamais les lois des intelligences n'ont été si généralement renversées, tous les liens sociaux si violemment brisés; jamais les nations n'ont assisté à de si déchirants combats, et les peuples, tremblé à la veille de si lamentables funérailles.

Or, un état si fécond en alarmes et en catastrophes inouïes n'a point surgi inopinément; un fait si terrible et si vaste n'est point un fait isolé; une anarchie si radicale et si universelle doit avoir des causes. Ces causes, quelles sont-elles? Est-il temps encore d'en arrêter les conséquences? Existe-t-il même des remèdes pour un mal parvenu à de telles extrémités? Questions palpitantes comme la vie, sombres et effrayantes comme la mort! Qui ne comprend pas, qui ne sent pas, dans les plus intimes instincts de son être, la nécessité de les étudier, le besoin de les résoudre, n'est plus un

homme ; la foi, la raison, la conscience, le sentiment même de la conservation, l'ont aban-
donné ; il est descendu au-dessous de la brute.

L'objet de cet écrit est donc d'étudier les
causes du mal, qui, sous le nom de communisme, menace d'une ruine totale toutes les
sociétés. Impossible, sans les connaître, d'ap-
porter à ce mal un remède efficace. C'est à elles
qu'il faut remonter, quoi qu'il en coûte ; elles
qu'il faut sonder dans toutes leurs profondeurs, si nous ne voulons périr. Le temps des
palliatifs est passé ; ils ne feraient qu'élargir la
plaie et la rendre tout à fait incurable, ou ne la
cicatriseraient à l'épiderme, comme naguère,
que pour laisser le virus exercer à l'intérieur
les plus affreux et les plus irrémédiables ravages.

Les causes du mal une fois connues, démon-
trées, il nous sera facile d'assigner les véritables remèdes. Puissent-ils ne pas venir trop
tard, et trouver des esprits et des cœurs dociles !

On le voit déjà, notre parole sera franche,
indépendante de tous les partis, dure et hardie
parfois, mais toujours, nous l'espérons, juste
et vraie. Cette impartialité, l'amour de notre
pays, les maux qui le menacent et qu'il nous
serait doux de conjurer au prix de notre sang,
seront notre excuse, et nous feront trouver

grâce, nous en avons du moins la confiance, auprès des âmes pusillanimes et des cœurs qu'un attachement trop grand aux choses d'ici-bas ont toujours tournés du côté des flatteurs; du côté des hommes qui, comme au temps de Jérémie, disent: Paix, paix, quand il n'y a point de paix, et dont la panacée universelle se formule en compliments et en louanges à l'adresse de tous les pouvoirs et de tous les partis.

Nous ne parlons pas des hommes qui nous gouvernent: nous les estimons trop, nous les croyons trop franchement républicains, pour penser qu'ils puissent même prendre ombrage d'une parole logique et inspirée par le seul amour du pays.

Quant à l'impiété consommée, cette enne-mie permanente et acharnée de la religion, la principale et la seule cause de tous les mal-heurs de la patrie, nous n'avons jamais reculé devant ses clameurs, et nous sommes bien aise qu'elle sache que nous tenons à honneur ses haines les plus implacables, aussi bien que ses plus superbes mépris.

# UN ÉCLAIR AVANT LA FOUDRE

## OU LE

# COMMUNISME

## ET SES CAUSES.

# LE
# COMMUNISME
## ET SES CAUSES.

### DEUX ESPÈCES DE CAUSES DANS LE COMMUNISME.

### DIVISION DE CET OUVRAGE.

*Væ nobis quia declinavit dies, quia longlo-*
*res factæ sunt umbræ vesperi !*

Malheur à nous, parce que le jour décline
et s'enfuit, et que les ombres du soir se
sont allongées ! (*Jérémie, ch.* 6, *v.* 4.)

Pour apprécier dans toute leur étendue les causes
du communisme, il faut nous faire d'abord une
idée exacte du communisme lui-même. Le communisme, comme l'indique le nom , est , dans son acception la plus vaste, une théorie qui force à mettre en commun tous les biens, à quelque titre qu'ils
soient possédés : souveraineté , femmes, terres,
maisons , commerce, industrie, talents, droits de
tous les genres. Ainsi compris , le communisme,
la chose est évidente, est la dissolution universelle
de la famille et de la société , le renversement

de la morale et des mœurs, la destruction radicale de tout ce qu'on a jamais nommé *droit* sur la terre, la négation absolue de toute religion positive. C'est l'état sauvage à un degré de barbarie inouï dans les annales de l'humanité; c'est l'égalité et la fraternité des brutes: c'est pire encore, car la brute est réglée et conduite par des instincts irrésistibles; rarement elle attente à la vie des individus de la même espèce, tandis que, dans le communisme absolu, toutes les passions de l'homme, déchaînées par une liberté qui n'aurait d'autre règle que l'intérêt et l'égoïsme, amèneraient bientôt une guerre permanente, une générale et sanglante anarchie, et en peu de temps, l'extinction totale de l'humanité.

Présenté dans sa nudité brutale, le communisme aurait moins de partisans, quel que soit l'appât qu'il offre aux passions. Un bien petit nombre même oserait l'avouer, tant il rencontrerait d'opposition dans les mœurs publiques et dans la conscience de nations façonnées par dix-huit siècles de christianisme. Aussi, la plupart de ses propagateurs se sont-ils appliqués à le pallier, à le déguiser, à le travestir sous toutes sortes de formes, et s'en tiennent-ils, pour le moment, à une, à deux ou à trois de ses faces.

Les uns réduisent la communauté des femmes à la prostitution ou à l'adultère sur une vaste échelle; les autres, à la polygamie successive ou simultanée, déguisée sous le nom d'*harmonies;*

ceux-ci, à un concubinage qui n'a d'autre règle que le caprice ; ceux-là, au divorce et à l'abrogation de tous les empêchements civils. Pour les uns et les autres, la famille disparaît pour faire place à des ateliers nationaux et à de nombreux et vastes dépôts d'enfants et de vieillards, réunis dans de splendides châteaux, sous le nom de palais.

Quant à la communauté des biens, le grand nombre des communistes la font consister à mettre en sociétés et comme en régie, entre les mains des capacités et en raison des aptitudes, les terres et les maisons, l'industrie et le commerce, tous les emplois et tous les droits. Dans ce système, tous les hommes sont travailleurs. « Le travail, dit le citoyen Proudhon, doit être le but, la joie, l'essence, la vie, la récompense éternelle de l'humanité. La propriété seule est un vol ; et tout homme improductif, oisif, qui consomme sans produire, qui porte atteinte, enfin, à la loi de la réciprocité du travail, n'a pas droit au nécessaire, qu'il se nomme voleur, paresseux, propriétaire, capitaliste, homme politique, moine, etc. ; il ne doit pas être à la charge des producteurs, des travailleurs de la société. » (1)

Ce communisme ainsi divisé, la plupart le tempèrent encore par l'intervention, ou la domination plutôt, d'un gouvernement républicain ou monarchique électif, qui, sous le nom d'état, maître ab-

_______________

(1) *Le Représentant du peuple.* Citation de l'*Univers*, 1ᵉʳ Mai 1848.

solu de tout, embrigaderait les citoyens en légions
d'administrateurs ou de travailleurs-commis, rele-
vant d'un état-major de ministres, proportionné à
ces innombrables soldats. Peu d'années suffiraient,
au raisonnement des plus habiles, pour cette transformation sociale ou anti-sociale. De nombreux ateliers nationaux, où les travailleurs seraient grasse-
ment payés pour ne rien faire, l'impôt progressif,
des droits exorbitants de succession équivalant au
cinquième, au quart, au tiers ou à la moitié du ca-
pital, l'acquisition ou l'absorption par l'état de
tous les genres d'associations et de compagnies,
des chemins de fer et des créances hypothécaires,
seraient les moyens principaux de réalisation. L'é-
tat serait bientôt par là le seul propriétaire de tout
le sol de la France et de tout ce qu'on a jamais
nommé *droits et biens* par le monde. Dans tous les
cas, aucune religion positive ne serait admise dans
l'état communiste.

Ainsi, fouriéristes, saint-simoniens, icariens,
socialistes et autres, exhumant, des cloaques de
l'antiquité, tout ce que le despotisme du vieux
monde, le cynisme payen, le gnosticisme grec, le
brigandage albigeois, avaient imaginé de plus per-
vers et de plus anti-social, ont-ils formulé le communisme dans leurs discours ou leurs écrits. (1) C'est

(1) « Les *saints-simoniens*, dit M. Louis Blanc (*Histoire de dix
ans*, tom. 2, pag. 269, édit. de 1842), ébranlaient, dans le *Globe*,
toutes les vieilles bases de l'ordre social. Que l'industrie fût régle-
mentée au gré d'un pouvoir issu en quelque sorte de lui-même et

un progrès en arrière , qui nous ramènerait visiblement, d'une part , au pêle-mêle des brutes ; de

juge de sa propre légitimité ; que la production fût concentrée à
l'excès et que ses bénéfices fussent répartis proportionnellement
aux mérites ; que la transmission des biens fût anéantie comme
celle des emplois ; que le mariage, légalisation de l'adultère, fît
place à la souveraineté des penchants et à l'émancipation du plaisir ; que l'empire de la société fût substitué à celui de la famille :
voilà les doctrines qu'élaboraient alors des jeunes gens mystiques
et sensuels, mais pleins de talents, de verve et d'ardeur. Leur morale, ils la résumaient dans ces mots : « A chacun suivant sa capacité, à chaque capacité suivant ses œuvres, et par conséquent,
plus d'héritage ; association universelle fondée sur l'amour, et par
conséquent, plus de concurrence (ibid. tom. 3, pag. 107) ; et témoins indignés des vices d'un ordre social où les récompenses
étaient presqu'en raison inverse des services, ils se félicitaient de
l'apparente sagesse de leur formule, en attendant qu'*une école plus
exaltée* vînt proclamer les lois d'une *morale supérieure*, et faire
aboutir la diversité des aptitudes, non pas à l'inégalité des droits,
mais à l'inégalité des devoirs. »

Les *fouriéristes* ne diffèrent des saints-simoniens que dans la
mise en action, mais les principes sont communs. Toutes les anciennes sociétés chrétiennes ne sont pour eux aussi qu'*une confla-
gration générale, un combat furieux de toutes les forces de la
nature* (*Exposition du système phalanstérien de Fourier*, par
Victor Considérant, pag. 73.) , DES SOCIÉTÉS SUBVERSIVES,
*insociétaires.* (pag. 98.) Ils rejettent toutes les lois pénales et la
morale sanctionnée par les croyances d'une autre vie. (Ibid.) *La famille*, pour eux, *n'est qu'une simple réunion de reproduction*
(pag. 97.), et le premier élément social, c'est le phalanstère ou la
commune, 1200 personnes au moins habitant dans une même
maison et y vivant en commun, sans concurrence, sous la seule
loi de la capacité, des harmonies et des attraits. (pag. 72, 80, 102.)
« Dans ce régime, les hommes sont à chaque instant sollicités par
une foule de plaisirs et de travaux attrayants ; ils n'ont que l'embarras du choix. Comme ils aiment beaucoup la variété, ils passent
fréquemment d'un objet à un autre, et goûtent successivement

l'autre, aux tyrannies orientales, et à la servitude de la glèbe et de la corvée, avec les franchises reli-

toutes les jouissances physiques, morales et intellectuelles, que la Providence a réservées à la nature humaine. » (pag. 43.) D'après Fourier lui-même, « le vrai bonheur ne consiste qu'à satisfaire ses passions.... Tous ces *caprices* philosophiques, appelés *devoirs*, n'ont *aucun rapport avec la nature;* le devoir vient des hommes; l'attraction vient de Dieu. *Il faut étudier l'attraction*, la nature seule, sans aucune acception de devoir » (*Théorie des quatre mouvements*, 1840, pag. 18, 107, 123, 137, etc.); et à la page 146, on lit: « Une femme peut avoir à la fois, 1° un époux, dont elle a deux enfants; 2° un géniteur, dont elle n'a qu'un enfant; 3° un favori, qui a vécu avec elle et qui a conservé le titre; plus, de simples possesseurs qui ne sont rien devant la loi. » Il est vrai que les disciples, dans une préface à la nouvelle édition, atténuent quelque peu, en face de la pudeur publique, ces infâmes doctrines, tout en renversant par la base tout ce qu'on a jamais appelé *morale* par le monde. « Les théories des moralistes, disent-ils, *ne sont que des méthodes* pour réaliser le bien social. Fourier a critiqué celles d'autrefois; pourquoi lui en faire un crime ? Quant aux *coutumes amoureuses* du maître, c'est encore là une *question de méthode*. Il s'agit tout simplement de savoir si la monogamie indissoluble (ou le mariage), est plus favorable *aux bonnes mœurs que le système du changement et de la pluralité des affections.* Au surplus, l'école de Fourier déclare formellement, avec son maître (qui dit tout le contraire en cent endroits), qu'elle réserve absolument ces questions aux générations futures. »

Les hospices *palais* sont de l'invention de Mme Flora Tristan, dans son *Union ouvrière*, et de M. Cabet, dans son *Voyage en Icarie.* Le christianisme avait mieux fait que d'imaginer des *palais:* il avait réalisé des HÔTELS-DIEU, où les pauvres et les malades étaient servis comme des membres souffrants du Fils de Dieu fait homme, Jésus-Christ, par des personnes consacrées librement, par des vœux religieux, à ce service divin.

Les icariens chantent la même chanson que les saints-simoniens et les fouriéristes; l'air même diffère peu. C'est partout la communauté des biens sous la direction de fonctionnaires publics qui,

gieuses et communales de moins, et la centralisa-
tion de plus, renforcée d'un despotisme adminis-

pour mieux diriger, ont le monopole des journaux et de l'éducation. La seule chose qui ne soit pas commune, c'est la religion.
« Chacun, en Icarie, admire, remercie, prie et adore la Divinité
comme il lui plaît, dans l'intérieur de sa maison. Jusqu'à seize et
dix-sept ans, les enfants n'entendent pas parler de religion, et ne
sont enrégimentés sous aucune bannière religieuse. La loi ne permet ni aux parents, ni aux étrangers, de les influencer avant l'âge
de raison. Ce n'est qu'à cet âge de seize et dix-sept ans, quand leur
éducation est achevée, que le professeur de philosophie, et non le
prêtre, leur expose, pendant un an, tous les systèmes religieux et
toutes les opinions religieuses, sans exception..... A dix-sept ou
dix-huit ans, chacun adopte, en parfaite connaissance de cause,
l'opinion qui lui paraît la meilleure, et choisit librement la religion
qui lui convient. » Il y a plus, l'assemblée nationale icarienne se
posa un jour cette question : « La religion, c'est-à-dire, une religion systématique, accompagnée d'un culte particulier, est-elle
utile aux icariens ? et à l'unanimité, par assis et levé, le concile a
répondu : Non..... » Du reste, s'il y a encore mariage chez les
icariens, c'est avec tous les adoucissements du divorce, sans compter les autres licences, conséquence nécessaire de l'absence de
toute religion et de toute morale positives.

« L'homme, dit le *National*, par la science et l'industrie, a no-
tablement amélioré sa condition ; aujourd'hui il reconnaît que la
société elle-même, qu'il croyait mue par des circonstances toutes
fortuites, a ses lois, dont on peut user pour la modifier profondément, au grand bénéfice de tous. C'est le principe du socialisme. »
Et ailleurs : « L'expression la plus générale du socialisme est
celle-ci : Appliquer toutes les ressources de la société à la société. »
Et enfin : « Il est bien entendu dorénavant que la révolution est
sociale et non politique, et qu'elle implique l'amélioration du sort
de tous par la dispensation plus équitable de l'avoir de tous. » Or,
demande *La vraie république*, « qu'est-ce que l'avoir de tous ?
c'est la propriété commune. Qu'est-ce que la dispensation plus
équitable de cet avoir de tous, pour améliorer le sort de tous ?
c'est l'organisation de la communauté.» Le *National* serait-il com-

tratif tel qu'il n'en a jamais pesé sur l'humanité, dans aucun pays du monde.

muniste? (Voyez ces citations, *Univers*, 29 mai et 26 mai 1848.)

« *La propriété*, dit M. Proudhon, un des principaux socialistes, c'est LE VOL. Il ne se dit pas en mille ans deux mots comme celui-là. Je n'ai d'autre bien sur la terre que cette définition de la propriété, mais je la tiens plus précieuse que les millions de Rothschild, et j'ose dire qu'elle sera l'événement le plus considérable du gouvernement de Louis-Philippe..... Du reste, n'ayez crainte de votre salut..... Ne voyez-vous pas qu'il en est de la religion comme des gouvernements, dont le plus parfait serait la négation de tous? Qu'aucune fantaisie politique ni religieuse ne retienne donc votre âme captive; c'est l'unique moyen aujourd'hui de n'être ni dupe ni renégat. » (*Système des contradictions économiques, ou philosophie de la misère.* Citation extraite par l'*Ami de la Religion*, 12 juillet 1848, pag. 114.)

Le citoyen Proudhon a été nommé à l'Assemblée nationale par soixante-dix mille voix socialistes de Paris.

Le 14 mai, la veille de l'attentat sur l'Assemblée nationale, les 12 sections secrètes s'étaient rassemblées dans un banquet. Parmi les toasts, on distingua les suivants :

« A l'impôt d'un milliard sur les riches ! »

« A la destruction de tous les musées et objets d'art, comme donnant au peuple des idées trop aristocratiques ! »

« A l'émancipation des femmes ! »

« Au nivellement des fortunes, et à la loi agraire, renouvelée tous les cinq ans ! »

« A la mise en jugement de tous les rentiers, quels que fussent leur âge et leur sexe, étant considérés comme accapareurs par les 12 sections. »

Enfin, le programme de la société des *Représentants républicains*, souscrit, aux termes du règlement, par tous ceux qui doivent faire partie de la société, contient les principes suivants :

« TOUT PEUPLE *est souverain* DE DROIT DIVIN, SOUVERAIN SUR LA TERRE COMME DIEU AU CIEL, et c'est là, pour un peuple, la première comme la plus haute des légitimités. »

« La souveraineté est UNE, INFINIE et INDIVISIBLE DE SA NA-

Quand on y réfléchit attentivement, et qu'on rapproche de ce mécanisme immense et de ces rouages multipliés à l'infini, le frottement universel et nécessaire des passions humaines, les conflits incessants et sur tous les points à la fois de l'orgueil, de l'ambition, de la cupidité, de la luxure, de la paresse, de la colère et de la vengeance, de tous ces penchants égoïstes et anti-sociaux de multitudes sans lien moral et sans frein, on frémit de la tête aux pieds, et l'on a peine à concevoir que des hommes doués de raison veuillent sérieusement la réalisation d'une théorie aussi évidemment contre nature. Pour nous, nous ne le pensons pas ; nous croyons fermement que le communisme n'est, pour la foule des adeptes lettrés, qu'un moyen légal ou révolutionnaire de faire changer de main les fortunes et les emplois, et pour les masses de travailleurs et de prolétaires, qu'une espèce de loi agraire, propre à terminer leurs souffrances et à les porter au som-

TURE, et par la même raison que deux infinis s'excluent, l'IDÉE DE DEUX POUVOIRS égaux ou non, ayant ou non la même source, EST INADMISSIBLE. » (Voyez *Pièces justificatives de la Commission de l'enquête*, 2ᵉ vol. On peut y voir aussi les noms des représentants souscripteurs.)

Donc, la souveraineté du peuple est sans limites ; donc, elle s'étend sur les consciences, sur le mariage, sur la famille, sur la propriété, sur tous les droits.....

Donc, plus de pouvoir spirituel distinct de la souveraineté du peuple ; donc, plus de religion, plus d'Église.....

Donc, quoi qu'on dise pour atténuer cette conséquence, despotisme le plus monstrueux qui ait jamais pesé sur la nature humaine, communisme le plus vaste qui ait jamais été rêvé.....

met de la roue de fortune, en les transformant en grands propriétaires et en bourgeois. Nous sommes bien convaincu que les uns et les autres, une fois riches, ou en voie de le devenir par de gros traitements, s'empresseraient, comme leurs devanciers, de couper court aux utopies, et de se poser, au nom de l'ordre et de l'humanité elle-même, en *conservateurs* de ce qu'ils auraient conquis.

Quoi qu'il en soit, ces doctrines dissolvantes ont pénétré au cœur des multitudes; les idées de continence et de propriété se sont obscurcies dans l'esprit du plus grand nombre, et les notions du juste et de l'injuste, de l'honnêteté et de la pudeur, du droit et du devoir, tendent presque partout à disparaître; tous les liens sociaux sont brisés ou relâchés, et comme prêts à se dissoudre; le sol tremble sous les pieds, et d'effroyables malheurs, des luttes inouïes, de lamentables carnages se préparent. Déjà même, au moment où nous traçons ces lignes, le sang coule à Marseille, il ruisselle à Paris, dans des batailles d'une atrocité inouïe (1), et la terreur, comme un glaive livide, pénètre toutes les chairs. On dirait qu'une main invisible transforme en je

(1) « Si l'on a pu se demander un moment, disait naguère le citoyen Senart, président de l'Assemblée nationale, quelle est la cause de l'émeute qui ensanglante nos rues, et qui tant de fois, depuis huit jours, a changé de prétexte et de drapeau, aucun doute ne peut plus rester aujourd'hui, quand déjà l'incendie désole la cité, quand les *formules du communisme* et les *excitations au pillage* se produisent audacieusement sur les barricades. » (Séance du 24 juin 1848, à midi.)

ne sais quel mystérieux écho la conscience de tous, et que chaque coup de canon de la capitale, en foudroyant, dans tous les rangs, les victimes par centaines, vient y retentir comme un sombre et déchirant remords. C'est le temps de l'examen. Puisse-t-il être entrepris avec courage, et, enfantant la lumière et le repentir, nous ramener à de meilleures voies !

Cette unité française, qui l'a brisée ?

Ces liens sociaux, qui les a dissous ?

Ces ténèbres sur les droits et sur les devoirs, qui les a faites ?

Ces mœurs sauvages, ces mœurs de brute, qui les a façonnées ?

Ces masses, qui les soulève et les fait monter et descendre, comme la lave d'un volcan, d'une extrémité du monde à l'autre et dans tous les pays ?

Dans l'histoire de l'humanité, deux causes seulement se présentent, du côté de l'homme, et suffisent pour produire et expliquer semblables révolutions : LES DOCTRINES ET LES FAITS, quand ils éclatent et se propagent au loin sous de puissantes influences, OU LES LEÇONS ET LES EXEMPLES.

Les unes, agissant sur la partie la plus élevée de l'homme, l'intelligence, et de là, par une conséquence plus ou moins nécessaire, plus ou moins rapide, sur la volonté, c'est-à-dire, sur l'homme tout entier, sont d'autant plus efficaces, d'autant plus durables, qu'il est plus difficile à l'intelligence de se dépouiller de ses idées, et de renoncer aux principes autour desquels elle a coordonné, souvent pendant de longues et les plus nobles années, toutes ses pensées, tous ses jugements et sa vie tout entière.

Les autres, saisissant les multitudes par les sens, et par eux et à l'instant, leur volonté et leur intelligence tout ensemble, sont d'autant plus impétueuses, d'autant plus générales dans leurs effets, que leur action descend de plus haut, qu'elle est plus universelle et plus souvent répétée.

Ces deux genres de causes ont concouru, avec un accord inouï, à l'extension du communisme; et pour le bien comprendre, nous allons les approfondir en détail avec toute l'inflexibilité de la logique.

# PREMIÈRE PARTIE.

# PREMIÈRE PARTIE.

## CAUSES DOCTRINALES DU COMMUNISME.

Nous réduirons les causes doctrinales du communisme à cinq principales : le déisme, ou la négation de toute religion révélée ; le matérialisme ; le panthéisme ; la négation de toute autorité divine en matière de morale, ou la morale philosophique et de gouvernement ; enfin , les enseignements d'état(1), ou le monopole universitaire. Chacune de ces causes, examinée d'abord par la voie du raisonnement et de la logique, sera mise ensuite à la portée de tous les genres d'esprit, dans une espèce de dialogue.

(1) Par le mot *d'état*, nous déclarons n'entendre que les gouvernements qui se sont succédé jusqu'à la République de 1848 exclusivement, et qui appartiennent tous au jugement de l'histoire et de la logique.

# I.

## PREMIÈRE CAUSE DOCTRINALE DU COMMUNISME.

### *Le déisme, ou la négation de toute religion révélée.*



On l'a dit bien des fois, les siècles l'ont répété aux siècles, les philosophes aux philosophes, les hommes d'état aux hommes d'état, les révolutions aux révolutions , et les ruines aux ruines : SANS RELIGION , TOUTE SOCIÉTÉ EST IMPOSSIBLE.

« Une ville suspendue en l'air serait plus facile à former et à maintenir, disait Plutarque , qu'un état sans religion. »

« Jamais état ne fut fondé, a redit Rousseau, que la religion ne lui servît de base. »

« Rien de plus utile, a écrit à son tour Voltaire lui-même, que la croyance religieuse ; nous sommes intéressés à la graver dans tous les cœurs. Nulle société ne peut exister sans elle. »

Et pour peu qu'on veuille y réfléchir, on sera

bientôt convaincu par l'évidence, non-seulement qu'il en est ainsi, mais qu'il est impossible qu'il en soit autrement.

Qu'est-ce qui enchaîne, en effet, l'époux à l'épouse et la femme au mari, dans les séductions si puissantes, dans les assauts si terribles des passions, de l'inconstance et de certaines occasions, dans les maladies, dans la grossesse, dans les couches, dans les infirmités et les disgrâces variées à l'infini de l'âge et de la nature ? le droit et le devoir.

Qu'est-ce qui lie le père et la mère à l'enfant : à la conception, pendant la gestation, à la naissance, pour l'éducation, pour un établissement, quand s'est mûrie son adolescence ? le droit et le devoir.

Qu'est-ce qui enchaîne l'enfant à ses parents, dans la fougue de l'indépendance et de l'égoïsme, aux jours de l'adversité et de la vieillesse, dans les exigences journalières de l'obéissance et du respect ? le droit et le devoir.

Qu'est-ce qui maintient, en un mot, intactes et sacrées les lois de l'ordre et de la nature, et affermit sur des fondements inébranlables la famille, base à son tour de la société ? le droit et le devoir.

Qu'est-ce qui unit les domestiques aux maîtres, les ouvriers aux patrons et aux chefs ; et les maîtres, les chefs et les patrons, aux ouvriers et aux domestiques ? les droits et les devoirs.

Qu'est-ce qui relie et unit l'homme à l'homme, la famille à la famille, l'état et le gouvernement au peuple, et le peuple au gouvernement et à l'état; les peuples et les états eux-mêmes aux autres peuples et aux autres états ? Qu'est-ce qui assure la fidélité des uns et des autres aux conventions et aux contrats ; l'équité et la charité dans les transactions, dans les traités, dans les rapports réciproques ? les droits et les devoirs.

Or, ces droits et ces devoirs, d'où viennent-ils ? d'où tirent-ils leur énergie intrinsèque et leur pouvoir d'obliger ? L'homme par lui-même n'a aucun pouvoir sur un autre homme; il ne peut rien sur sa conscience, rien sur sa raison. Ses pensées sont changeantes, ses passions sont aveuglés; l'égoïsme en est le principe et la fin. L'homme-majorité, ou gouvernement, est aussi impuissant rationnellement que l'homme-minorité, ou sujet; car la force du nombre, de toutes les forces la plus brutale, peut rapprocher et juxtaposer les individus, mais elle ne les unit pas. La société n'est pas une juxtaposition, un rapprochement matériel des corps, c'est le lien, l'union des âmes, des esprits et des cœurs ; et la force ou l'adresse qui rapproche de leurs victimes le brigand des grands chemins ou l'escroc de nos carrefours , est un mode d'oppression et non un lien de société. Qui donc détermine et peut déterminer les droits et les devoirs ? qui peut les imposer et leur donner une sanction souveraine, et que tous soient obligés de reconnaître et de respecter ? Qu'est-ce qui en fait le plus fort lien d'union , le seul véritable lien social ?

Qui ? — les croyances religieuses, la seule et suprême autorité de Dieu : la religion. « Je n'entends pas qu'on puisse être vertueux sans religion, dit Rousseau ; j'eus longtemps cette opinion trompeuse, dont je suis bien désabusé. »

Qu'on examine, qu'on se rende compte, qu'on réfléchisse tant que l'on voudra ; non-seulement il est impossible, sans croyances et sans principes communs, sans l'idée de droits et de devoirs obligatoires pour tous, de constituer et de maintenir une société quelconque, mais il est impossible même de la concevoir dans ses éléments les plus simples.

Or, si la religion est d'une telle nécessité pour l'homme et la société, elle ne peut pas être une erreur, le résultat du mensonge, de la violence ou de la fraude. L'erreur, la fraude, la violence, sont des désordres, et le désordre ne peut être la base de l'ordre et de la société.

La religion (ou les droits et les devoirs), ne vient donc pas, ne peut donc pas venir des hommes ; elle a donc pour auteur Dieu seul, Dieu, créateur de tout ce qui existe, et par conséquent, seul maître souverain de l'homme, de l'univers et de tout ce qu'il renferme.

Le devoir, du reste, est un sacrifice ; c'est le plus ordinairement une loi d'immolation ; impossible d'en trouver la raison ailleurs que dans Dieu ou dans une autorité créatrice, souveraine, et par conséquent, infiniment supérieure à l'homme.

2*

S'immoler, se sacrifier pour son égal ou pour le plus grand nombre, courber seulement son intelligence devant lui, est absurde; c'est l'anéantissement de la liberté et de la dignité humaine.

Le devoir, pour être obligatoire, le droit, pour exiger le respect, doivent donc descendre de Dieu, prendre leur source et trouver leur sanction dans une religion qui vienne de Dieu, dans une religion par conséquent, révélée, positive, s'appliquant à la vie entière de l'homme et à toutes les conditions, pour les régler souverainement; dans une religion, dont la révélation divine et les infaillibles enseignements soient fondés sur des faits démontrés, certains, et incontestablement au-dessus des forces humaines.

Dans une telle religion, et dans elle seule, droits et devoirs trouvent à l'instant même un fondement inébranlable. Le pauvre devient égal au riche, l'ouvrier à celui qui l'emploie, l'individu à la majorité, le sujet au prince. La loi est la même pour tous, et elle n'est plus que l'image de la justice de Dieu, devant qui tous les hommes sont égaux. L'homme, en s'inclinant devant une telle autorité, se relève et se grandit. Il y a dignité, il y a liberté, — dignité et liberté qui touchent à l'infini, — à ne se courber que devant Dieu seul, devant l'éternel et l'infini. Il pressent même qu'une telle autorité ne commande pas l'impossible; et une persuasion intime, suave, dont il ne peut pas plus se dépouiller que de sa conscience, l'assure que force et courage lui seront donnés pour accomplir le devoir et respecter le droit, et que, dans cet accomplissement et ce respect, quelque durs qu'ils paraissent aux passions, se trouvent pour lui la paix et le bonheur.

Entassez, enfants des hommes, fils aveugles des partis, suppôts d'une politique toute matérialiste, entassez calculs sur calculs, systèmes sur systèmes, combinaisons et utopies sur utopies et combinaisons, je vous le dis en vérité, au nom de Dieu qui a créé le monde et auquel nous appartenons tous; je vous le dis sur l'autorité de sa parole, sur le témoignage historique de toutes les nations, au nom de la raison, et de la logique, qui en est la règle suprême: hors de là, hors de la religion révélée, il n'y a et il ne peut y avoir que le joug de l'homme sur l'homme, dissolution de tous les liens, ou force brutale, despotisme inouï, ou indicible anarchie, communisme absolu, radical anéantissement de tous les droits, de tous les devoirs, destruction de toute nation, de toute société, ruines sur ruines, effroyables calamités!

« Si la religion se perd parmi les peuples, dit le célèbre Vico, dans sa *Scienza nuova*, il ne leur reste plus aucun moyen de vivre en société; ils perdent à la fois le LIEN, le FONDEMENT, le RESPECT DE L'ÉTAT SOCIAL, et jusqu'à la *forme* même de peuple. »

Là première cause du communisme, la plus vaste, la plus efficace et la plus rapide, c'est donc l'impiété, les doctrines irréligieuses, les enseignements qui, en sapant la religion dans les esprits et dans les cœurs, y sapent du même coup le fondement de tous les droits, de tous les devoirs, de toutes les propriétés, toutes les bases de l'ordre social.

Je m'incline devant le Créateur de toutes choses, l'auteur des corps et des âmes, de tout ce qui est visible et de tout ce qui ne l'est pas ; je me prosterne devant le propriétaire souverain, devant le maître de l'univers, devant Dieu me disant :

Honore ton père et ta mère, afin de vivre longtemps sur la terre, que le seigneur te donnera.

Tu ne tueras pas.

Tu ne commettras point de fornication.

Tu ne voleras pas.

Tu ne porteras pas de faux témoignage contre ton prochain.

Tu ne désireras ni sa maison, ni sa femme, ni son serviteur, ni sa servante, ni son bœuf, ni son ane, ni quoi que ce soit qui lui appartienne. (*Exod. ch.* 20. ℣. 12 *et suiv.*) (1)

L'homme, maître de lui-même ou propriétaire de créatures quelconques, s'efface et disparaît devant ces commandements ; il ne reste devant moi, et

_______

(1) Selon le *Catéchisme :*

« Tes père et mère honoreras, afin de vivre longuement.

Homicide point ne seras, de fait ni volontairement.

Luxurieux point ne seras, de corps ni de consentement.

Le bien d'autrui tu ne prendras, ni retiendras à ton escient.

Faux témoignage ne diras, ni mentiras aucunement.

Biens d'autrui ne convoiteras, pour les avoir injustement. »

sur moi, et sur tout ce qui existe, que les droits du
Dieu tout-puissant que je ne puis contester sans
folie ; lui seul est le Seigneur, ou le maître souverain ; c'est lui qui nous a faits, et non pas nous qui
nous sommes faits nous-mêmes. Le bien de mes
frères est le bien de Dieu ; il m'a défendu d'y toucher ; mon corps même, et ce qui m'appartient le
plus étroitement, n'est à moi que dans la dépendance de Dieu : je ne puis en user contre ses or-
dres. Je me prosterne devant cette souveraineté
divine ; je l'adore, et imposant silence à la cupidi-
dité, à la luxure, à l'égoïsme, je souffre et je meurs,
s'il le faut, pour le Dieu qui m'a créé.

Mais ôtez Dieu ; arrachez de mon esprit, à force de
sophismes, l'idée de son souverain domaine sur moi
et sur toute créature ; répétez sur tous les tons et
sous toutes les formes qu'il n'a point parlé aux
hommes, que sa religion est une invention des
prêtres, l'œuvre du mensonge, de la violence ou
de la ruse ; altérez et faussez toutes les histoires,
distillez dans des romans infâmes le venin des plus
noires calomnies, pour rendre odieux à toutes les
conditions et cette religion et son sacerdoce ; cor-
rompez tous les cœurs par la peinture, par les théâtres, par tous les genres de séductions, afin que
l'impiété y entre plus vite, et que les doctrines
irréligieuses y fassent plus rapidement table rase
de tous les sentiments qu'y avait déposés, en
leur donnant son lait, une mère chrétienne, de
toutes les idées d'ordre et de vertu qu'y avait se-

mées le prêtre, auquel sa tendre sollicitude avait confié leur enfance, que deviennent les mœurs ? que deviennent les lois ? que deviennent la famille et la société? Mes penchants, mes convoitises, voilà la loi suprême à laquelle je dois obéir sous peine de folie et des plus affreuses misères! Le mariage est un esclavage; la famille, les enfants, la plus rude et la plus inique des chaînes, qu'il faut s'empresser de briser. La licence la plus effrénée, voilà la nature, voilà la liberté!

Otez Dieu et sa loi sainte, quel honneur, quel respect, quel amour, quelle reconnaissance dois-je à des parents qui n'ont concouru que malgré eux à mon existence, ou seulement pour satisfaire leur convoitise ? Le petit de la bête est son égal et ne lui doit plus rien, aussitôt qu'il peut se passer d'elle; et cependant, la bête a été fidèle aux lois de la nature, et n'a pas été hostile à ses petits dès le commencement.

Otez Dieu et la religion, que deviennent toutes les lois de la famille, de l'ordre et de la société ? Que deviennent les droits de propriété sur les terres, sur les maisons que vous possédez et dont vous ne jouissez peut-être qu'au prix de mes sueurs et de mon sang ?

— Des lois!

— Je suis votre égal : quel droit avez vous de m'en imposer ?

— Des propriétés!

— J'ai faim, j'ai soif; la sueur ruisselle sur mes membres brûlés par un soleil de feu; j'ai besoin de repos. Le monde est à moi aussi bien qu'il est à vous, et la terre est notre mère commune.

— Je possède.

— De quel droit?

— Par droit de naissance.

— Les lapins qui naissent au fond du terrier, et les loups que leur mère allaite à l'antre reculé de la forêt, n'ont pas plus de droits les uns que les autres.

— C'est le fruit de mon industrie, des talents que j'ai fait valoir.

— Le Franc bardé de fer en disait autant aux jours de la conquête. Le courage, l'industrie, les talents, sont une force comme une autre; pèsent-elles plus dans la balance que celle de la soif, de la faim ou de l'appétit qui veut jouir. Nous allons voir.

— Mais la raison?...

— La mienne vaut la vôtre.

— C'est donc au plus fort?

— Au plus fort.

— Au plus rusé et au plus fourbe?

— Au plus fourbe et au plus rusé.

> Aux armes, citoyens! formez vos bataillons.
> Tuons, rusons.
> A la victoire, et terres et maisons.

Et il n'y a plus d'autre différence entre la brute et l'homme que la stature.

Et la ruse et la violence, et le vol et l'assassinat, la plus horrible licence, deviennent le chemin de l'égalité.

Et la liberté, c'est le pillage.

Et la fraternité, c'est la guerre, une guerre inouïe :

C'EST LE COMMUNISME!

Et la logique dit au déisme et aux ennemis de la religion révélée :

IL A RAISON !

## II.

## DEUXIÈME CAUSE DOCTRINALE DU COMMUNISME.

*Le matérialisme, ou la négation de l'immortalité de l'âme, et des peines ou des récompenses d'une autre vie.*



Après l'autorité suprême et universelle de Dieu, seule raison, seule règle, par la religion révélée, du droit et du devoir et de tous les liens sociaux, les croyances les plus nécessaires à la société, à l'homme et à la famille, sont l'immortalité de l'âme, les peines et les récompenses d'une autre vie. C'est la sanction du droit et du devoir, la conséquence nécessaire de la croyance en un Dieu législateur, juste, sage et tout-puissant. Dieu les a révélées au monde, dès le commencement, comme les pivots sur lesquels devait rouler tout l'ordre social, comme la sanction de ses lois, le lien et le terme des âmes dans le temps et dans l'éternité.

« J'ai à vous alléguer, dit Cicéron, en faveur de

« l'immortalité des âmes, les plus fortes autorités,
« des autorités qui, dans toutes sortes de questions,
« sont et doivent être du plus grand poids : et d'a-
« bord, *toute l'antiquité, qui connaissait sans doute*
« *d'autant mieux ce qui était vrai, qu'elle était plus*
« *près du commencement et de la divine création.*
« Or, la croyance générale des anciens était que
« la mort n'éteignait pas tout sentiment, et que
« l'homme, au sortir de la vie, ne disparaissait
« pas de manière à périr tout entier. Non-seule-
« ment une foule de preuves, mais encore le droit
« pontifical et les cérémonies des tombeaux, ne per-
« mettent pas d'en douter. Jamais des hommes d'un
« si grand sens ne les auraient révérés si religieuse-
« ment, ni condamné à de si fortes peines ceux qui
« les violent, s'ils n'avaient été pleinement persua-
« dés que la mort n'était pas un anéantissement;
« mais une sorte de passage à un autre lieu, et
« comme une nouvelle vie qui ouvrait l'entrée du
« ciel aux hommes et aux femmes illustres par leurs
« vertus, et que *les autres retenaient dans les bas*
« *lieux, et conservaient toujours sans jamais la per-*
« *dre.* » ( *Tuscul.* lib. 1. cap. 12.)

« La mort, dit Platon, d'après la croyance de
« tous les peuples, n'est que la séparation de l'âme
« et du corps.... Après cette séparation, l'âme de-
« meure telle qu'elle était auparavant. Elle conserve
« et sa nature, et les affections qu'elle a contractées
« pendant cette vie. Quand donc les morts arrivent
« devant le juge, il examine l'âme de chacun sans

« avoir aucun égard au rang qu'il occupait sur la
« terre. Mais bien souvent, considérant l'âme du
« grand roi des Perses, ou d'un autre roi, ou de
« quelque autre homme puissant, il n'y découvre
« rien de sain ; au contraire, les parjures et les
« injustices dont elle s'est rendue coupable , la
« couvrent comme d'autant de meurtrissures et de
« plaies ; elle est toute défigurée par l'orgueil et le
« mensonge; il n'y a rien de droit en elle , parce
« qu'elle n'a point été nourrie de la vérité.
« Maîtresse de suivre ses penchants, elle s'est plon-
« gée dans la mollesse, la débauche , l'intempé-
« rance, dans des désordres de toute espèce, de
« sorte qu'elle regorge d'infamies. Ce que voyant,
« le juge l'envoie ignominieusement dans la pri-
« son, où elle doit subir les supplices qu'elle a
« mérités; car il convient que celui qui est puni
« justement, le soit, ou afin d'en tirer de l'avantage
« en devenant meilleur, ou pour servir d'exemple
« aux autres, et les porter à se corriger par la crainte
« que son châtiment inspire. Or, ceux qui sont
« punis, afin que leur punition leur soit utile, sont
« les malheureux qui ont commis des péchés gué-
« rissables. Mais ceux qui, ayant atteint les limites
« du mal , sont tout à fait incurables , servent
« d'exemple aux autres, sans qu'il leur en revienne
« aucune utilité , parce qu'ils ne sont pas capables
« d'être guéris : ils souffriront *éternellement* des
« supplices épouvantables. C'est pourquoi je vous
« rappelle à la vertu, je vous anime à ce saint com-

« bat, le plus grand, croyez-moi, que nous ayons
« à soutenir sur la terre. Combattez donc sans re-
« lâche, car vous ne pourrez plus vous être à vous-
« mêmes d'aucun secours, lorsque, présentés devant
« le juge, vous attendrez votre sentence, tout trem-
« blants et saisis de terreur. Cette sentence rendue,
« le juge ordonne aux justes de passer à la droite
« et de monter au ciel ; il commande aux méchants
« de passer à la gauche et de descendre aux enfers. »
( *Gorgias*. tom. iv. pag. 166. et suiv. )

« La doctrine de l'immortalité de l'âme et d'un
« état futur de récompenses ou de châtiments , dit
« à son tour un philosophe anglais dont le témoi-
« gnage ne peut être suspect, Bolingbrocke , paraît
« se perdre dans les ténèbres de l'antiquité ; elle
« précède tout ce que nous savons de certain. Dès
« que nous commençons à débrouiller le cahos de
« l'histoire ancienne, nous trouvons cette croyance
« établie de la manière la plus solide dans |l'esprit
« des premières nations que nous connaissons. »
( 5ᵉ vol. de ses œuvres , pag. 237, in-4º.)

Aussi la religion vraie a-t-elle toujours réuni dans
ses adorations le Dieu créateur et législateur, le
Dieu rémunérateur et vengeur , et toujours annoncé un jugement final, un bonheur sans fin pour
les bons, et pour les méchants un feu et des supplices éternels. Partout où cette croyance a disparu , ou s'est seulement universellement affaiblie,
le sol a tremblé sous des commotions réitérées, et
l'on a vu le despotisme et l'anarchie, ou le com-

munisme le plus sauvage, se disputer sur des monceaux de cadavres et à la lueur des incendies, les derniers lambeaux de l'opulence et les derniers appâts de la volupté.

Le cri de la conscience publique et les universels enseignements de l'expérience à ce sujet, sont si palpables, que les deux plus sceptiques ennemis de la religion vraie, et de l'ordre social par conséquent, n'ont pu se refuser à les constater par leur propre témoignage.

« Je ne voudrais pas, dit Voltaire, avoir affaire
« à un prince athée qui trouverait son intérêt à me
« faire piler dans un mortier : je serais bien sûr que
« je serais pilé. Je ne voudrais pas, si j'étais souve-
« rain, avoir affaire à des courtisans athées dont
« l'intérêt serait de m'empoisonner : il me faudrait
« prendre au hasard du contrepoison tous les jours.
« Il est donc *absolument nécessaire*, pour les prin-
« ces et les peuples, que l'idée d'un Être suprême,
« *créateur, gouverneur, rémunérateur, vengeur,*
« soit profondément gravée dans les esprits, » qu'elle
y soit par conséquent à l'état de croyance. (*Volt.
Diction. philosoph. art. Athéisme.*)

« Sortez de là , dit à son tour Rousseau, de la
« croyance en Dieu et en une vie future, je ne vois
« qu'injustice, hypocrisie et mensonge parmi les
« hommes ; l'intérêt particulier, qui, dans la con-
« currence, l'emporte nécessairement sur toutes cho-
« ses, apprend à chacun d'eux à parer le vice du
« masque de la vertu. Que tous les autres hommes

« fassent mon bien aux dépens du leur; que tout
« se rapporte à moi seul; que tout le genre humain
« meure, s'il le faut, dans la peine et dans la mi-
« sère, pour m'épargner un moment de douleur ou
« de faim, tel est le langage intérieur de tout incré-
« dule qui raisonne. Oui, je le soutiendrai toute
« ma vie, quiconque a dit dans son cœur : Il n'y a
« point de Dieu, et parle autrement, n'est qu'un men-
« teur ou un insensé. » (*Émile*, tom. III. pag. 206.)

Arrachez, en effet, de l'âme de l'homme la
croyance en son immortalité, aux peines et aux
récompenses d'une autre vie, qu'y reste-t-il? un
immense égoïsme, la conviction pratique que la
fin suprême, la destinée de l'homme est de se rendre heureux ici-bas, quoi qu'il lui en coûte et par
tous les moyens, et qu'il n'y a de différence entre
la bête et lui que la stature et l'habit.

Dès lors, le bien, c'est le plaisir, la jouissance
matérielle; le mal, c'est la souffrance et la peine.
Tout ce qui peut le conduire à l'un et lui faire évi-
ter l'autre : vol, assassinat, incendie, adultère,
viol, lubricité de tout genre, révolte, empoisonnement, parricide, devient par là même pour lui
le droit, la vertu, le premier, le plus impérieux
des devoirs; car le devoir le plus sacré, le devoir
suprême d'un être quelconque, est d'atteindre la fin
pour laquelle il existe. Parlez donc à des esprits
ainsi préparés, ainsi entraînés sur la pente rapide
des passions par la force souveraine des intelligences : la logique; parlez-leur donc de travail, de

respect à la propriété, de continence, de lois, de dévouement à la patrie et à l'ordre.

— Ami, le travail est la loi universelle.

— Pourquoi voulez-vous que j'en croie à votre parole? Voltaire, qui vous valait, a dit au contraire : « Le plaisir est le but universel ; quiconque l'at- « trape a fait son salut. » Je suis de l'avis de Voltaire.

— Je ne veux pas contredire un si grand homme ; mais tout travaille dans la nature.

— Tout s'amuse au contraire, et se repose : la pierre dort tout le jour au soleil ou à l'ombre ; la fleur se balance mollement sous le souffle du zéphir ; le ruisseau suit sans peine la pente qui le conduit à la mer ; l'aigle prend ses ébats dans les airs, ravit et dévore sa proie, et vient dormir sans crainte dans le creux du rocher ; le lion et le tigre rugissent librement au désert, et quand ils se sont repus de sang, ils dorment paisiblement dans leur antre ; le cygne et le poisson se jouent avec délices dans les eaux limpides ; l'écureuil saute d'arbre en arbre ; la cigale chante ; le lézard, étendu sur le gazon, hume voluptueusement l'air attiédi par les rayons du soleil ; tous se livrent à leurs penchants avec une liberté sans bornes. Vous-même et vos semblables, du matin au soir, vous mangez, buvez, fumez, polkez, flânez, dormez, hantez les mauvais lieux, séduisez, au nom du néant, nos femmes et nos filles : est-ce là ce que vous entendez par travail ?

Il n'y a que moi, et les imbéciles qui me ressemblent, qui travaillons et nous laissons ainsi exploiter ; et il faut en finir avec l'absurde, puisque le travail ici-bas m'épuise et me fait souffrir, et qu'il ne peut me servir de rien dans une autre vie qui n'existe pas.

— Le travail distrait et occupe agréablement l'esprit et le corps ; pour arriver au repos et au plaisir, c'est l'unique moyen.

— Moquerie ! je ne trouve ni distraction ni plaisir, moi, à porter le poids du jour et de la chaleur, et à venir, le soir, harassé de fatigue, manger, avec quatre ou cinq enfants et une femme souffrante et irritée par le besoin, un misérable morceau de pain détrempé dans de l'eau chaude.

— Mais en persévérant, vous améliorerez votre sort.

— Mensonge ! soixante ans mon père l'a tenté, et il est mort à la peine, pauvre, manquant de tout ; depuis vingt ans, je travaille comme lui, et ma condition est devenue pire. C'est trop longtemps être dupe et victime d'hommes qui ne sont pas plus que moi. Ma fin est de me rendre heureux ici-bas : je veux l'atteindre, et il m'est avis que le moyen le plus court et le plus efficace est la communauté des biens, le partage de vos terres et de vos maisons.

— Que dites-vous-là ? vous voudriez porter la main sur ma propriété !

— Ce sera la mienne quand je l'aurai prise ; et puisque le travail a tant de charmes pour vous, voici ma pelle et ma pioche , ma hache et mon marteau ; voici ma femme et mes enfants ; je préfère vos filles et vos servantes ; je veux aussi être servi à mon tour et jouir de la vie.

— Mais c'est le vol le plus audacieux, la licence sans frein ; c'est le brigandage que vous voulez faire prévaloir ! Les lois et les tribunaux , la force armée sont là pour s'y opposer et me défendre.

—Quelles lois? celles qu'ont faites les riches et les propriétaires , et qu'appliquent, comme ils veulent, d'autres riches et d'autres propriétaires, qui, aux yeux de la nature et du droit, ne sont pas plus que moi. Le vol, c'est la propriété ; la licence sans frein, c'est votre tyrannie, vos tribunaux et vos lois qui veulent m'empêcher d'atteindre ma fin, le but de mon existence, le plaisir ; le brigandage, c'est la violence qui m'enchaîne à la glèbe, et prétend m'y faire mourir.

—Cette violence , c'est vous qui la provoquez, et il faut bien que force reste à la loi.

— Vous voulez dire à l'iniquité et à l'oppression ; nous verrons bien si votre force armée , si l'imbécillité *troupière* prêtera jusqu'au bout ses bras et son sang à la tyrannie.

— Imbécillité troupière, l'honneur et le dévouement à la patrie et à l'ordre ?

— Dites donc le fanatisme de la sottise qui souffre et meurt, assassine ses frères et renonce à sa destinée : le plaisir ici-bas, pour en assurer la jouissance à des tyrans qui ne peuvent , au fond de leur cœur, ne les juger que comme moi et les mépriser. Mais n'est-ce pas vous qui nous avez forcés d'apprendre de vos enseignements, que, *pour une existence étrangère, pour un être, non moi, être plein de sollicitude, d'intérêt et d'amour, est une hypothèse absurde ;* et cette absurdité, vous voulez qu'ils la poussent jusqu'à l'immolation, jusqu'à la mort ! Vous voulez que, pauvres, manquant de tout, ne vivant que de souffrances et de peines, n'ayant rien à craindre ici-bas, puisque nous sommes les plus nombreux et les plus forts, rien à craindre ou à espérer dans une autre vie, puisqu'il n'y en a pas, nous soyons assez dépourvus de sens, assez ennemis de nous-mêmes, pour mourir à la peine, afin de vous engraisser de luxe et d'abondance par nos travaux et nos sueurs ! Vous nous ravissez les biens du ciel par vos enseignements et vos exemples, et vous voulez encore nous refuser notre part des biens de la terre ! Nòn, il n'en peut être ainsi. Aux armes, au feu, à la ruse, à la violence ! et dussions-nous périr dans la lutte, rendons-nous heureux ici-bas, puisque telle est notre inexorable destinée !

— C'est alors au plus méchant et au plus fourbe ?

— Non, c'est au plus vertueux ! Un ours dévorait un jour une proie, et repu, il s'étendait mollement à côté des restes, en léchant ses ongles ensanglantés. Un autre survint affamé, et voulut en prendre sa part. Le premier s'y opposa ; et les yeux étincelants, ils s'élancèrent l'un sur l'autre. Lequel des deux était le meilleur?

— Au plus fort donc?

— Au plus fort.

> Aux armes, citoyens ! formez vos bataillons.
> Tuons, brûlons.
> A la victoire, et terres et maisons.

Et quand les masses ne crurent plus à l'immortalité de l'âme, aux peines et aux récompenses d'une autre vie, en haut, en bas et dans tous les rangs, hommes et femmes raisonnèrent et chantèrent ainsi ; et des cris lamentables, d'épaisses fumées, sillonnées de flammes sinistres comme des éclairs, s'élevèrent de toutes parts ; des détonations multipliées, et retentissantes comme la foudre dans les plus noires tempêtes, portèrent au loin la désolation et l'épouvante. Il y eut d'horribles chocs, d'affreux carnages, puis un long silence sur des cadavres et des ruines.

C'ÉTAIT LE COMMUNISME!

Et la logique dit au matérialisme :

IL A RAISON!

# III.

## TROISIÈME CAUSE DOCTRINALE DU COMMUNISME.

*Le panthéisme, ou la négation de Dieu, tel que l'a toujours cru et toujours adoré l'univers.*



Le déiste, a dit un illustre penseur, est celui qui n'a point assez vécu pour devenir athée. De nos jours, on vit vite, ce qui équivaut à vivre longtemps, et l'homme-majorité, l'homme déiste, épuisant rapidement les dernières conséquences de l'impiété, a redit sur tous les tons, depuis un quart de siècle : Je suis, et il n'y a que moi ; ma raison est souveraine, ma volonté sans règles et sans limites ; le passé, le présent, l'avenir, m'appartiennent ; *je suis éternel, je suis Dieu ; et le monde, dans ses phénomènes sans cesse renaissants, n'est que l'évolution sans fin de l'être universel dont je suis la conscience.* Ainsi s'est formulé l'athéisme de nos jours, unis-

sant, sous le nom d'éclectisme et de spiritualisme, le matérialisme le plus grossier, le rationalisme le plus sceptique, et toutes les hérésies qui,
depuis dix-huit siècles, ont eu cours par le monde.
Le Dieu créateur, gouverneur, rémunérateur et
vengeur, fondement de l'ordre social ; le Dieu juste,
sage, saint, bon, miséricordieux, tout-puissant,
infini en toutes sortes de perfections ; le Dieu en
trois personnes, Père, Fils et Saint-Esprit, qui n'a
ni couleur ni figure qui puissent tomber sous les
sens, qui a fait toutes choses de rien, qui voit tout
ensemble le passé, le présent, l'avenir, et jusqu'à
nos plus secrètes pensées ; le Dieu dont la providence et la sagesse veillent sur le moindre atome,
et atteignant d'une extrémité à l'autre avec force,
dispose tout avec suavité ; le Dieu en un mot que
l'univers et les siècles avaient adoré, a disparu.
Son nom est resté debout dans les intelligences et
les langues humaines, comme une ruine incomprise,
un non-sens. Dieu n'est plus que le grand tout,
nature, humanité, le Pan infâme qu'adorait l'égout
du paganisme ; et tout, humanité et nature, est Dieu
à son tour ou portion de Dieu. C'est le panthéisme,
le plus absurde des athéismes, ou la négation la plus
radicale de Dieu, sous forme d'affirmation.

Il y a vingt-cinq ans, un homme célèbre, après
avoir, ravissant écho de cette voix qui s'élève, de
tous les points de la terre et du temps, vers le Dieu de
l'éternité, recueilli les témoignages de tous les peuples en faveur du Dieu qui a tiré l'univers du néant,

ajoutait ces remarquables paroles : « A l'écart, dans
« les ténèbres, une autre voix, une voix sinistre a
« été entendue; elle semblait sortir d'un sépulcre
« et se briser entre des ossements ; c'était comme
« la voix de la mort. Les peuples ont prêté l'oreille
« à ce bruit funèbre ; de sourds blasphèmes sont
« venus jusqu'à eux ; ils ont dit : C'est le cri de
« l'athée ! et ils ont frémi d'horreur. »

Aujourd'hui, cette voix sinistre n'est plus solitaire. Elle s'est grossie de millions et de millions de
voix, et ces voix ne sont plus la voix de la mort, mais
la voix de la spoliation, de la licence et du carnage :
c'est la voix du *communisme!* Et si elle semble encore sortir d'un sépulcre et se briser à travers des
ossements, ce sépulcre, c'est la France, c'est l'Europe ; ces ossements sont toutes les idées de vertu,
de propriété, de justice, d'ordre et de liberté.

Si Dieu est tout, en effet, et si tout est Dieu,
donc, chaque homme, et tout ce qui est dans chaque homme, intelligence et volonté, âme et corps,
est par là même consubstantiel à Dieu, Dieu ou
portion de Dieu; donc, il n'a et ne peut avoir de
supérieur; donc, il ne peut être soumis à aucune
loi, si ce n'est à celle qui le constitue et qu'il ne
peut pas plus violer, qu'il ne peut, ainsi que Dieu,
cesser d'être.

Donc, il n'y a pas plus pour nous de législateur
qu'il n'y en a pour Dieu, qu'il n'y en a pour les
bêtes et les plantes. Notre législateur souverain,
indépendant, s'il en est, c'est nous-mêmes, c'est

notre seule raison ; elle est Dieu aussi bien que la raison de qui que ce soit au monde.

Donc, avons-nous dit il y a quelques années, il n'y a pas plus pour nous et il ne peut pas plus y avoir de Dieu vengeur et rémunérateur, qu'il n'y en a, qu'il ne peut y en avoir pour Dieu même. Ma raison, mon âme, mon corps, tout mon être n'ayant pu être tiré du néant, étant divin, éternel comme la substance de Dieu même, qui donc au monde ou hors du monde peut les lier par des lois et leur sanction, par des châtiments ou des récompenses quelconques? L'affirmer, ce serait dire que Dieu ou une portion de Dieu peut mal faire, se révolter contre Dieu ou d'autres portions de Dieu, que Dieu lui-même est un immense foyer d'anarchie.

Donc, nous sommes tous également les créateurs et les auteurs de notre être; tous également nos législateurs et nos maîtres; tous également indépendants les uns des autres.

Donc, tout gouvernement, toute autorité, tout tribunal qui veut me mettre dans sa dépendance et m'assujettir, est une tyrannie, une contradiction, un non-sens, que je ne puis admettre sans perdre mon indépendance divine et ma portion de Dieu.

Donc, tout ce que nous appelons lois, droit et devoir, juste et injuste, vice et vertu, religion et culte, tout ce qui constitue le monde moral, n'est plus qu'*une ombre, un fantôme sans réalité*, un mot vide de sens, des *mythes, des symboles où l'on contemple ce qui n'y est pas*, comme parlent les maîtres

du panthéisme, *des nuages*, *des images*, *des figu-*
*res que le soleil de la philosophie dissipe tous les*
*jours de plus en plus*, comme parlent les disciples.

Donc, l'égalité la plus radicale, la communauté
absolue des biens et des femmes, de toute chose,
ou le panthéisme pratique, est la plus parfaite expression, la conséquence rigoureuse du panthéisme
spéculatif. Ce résultat en découle si directement,
si nécessairement, que, dans tous les temps et dans
tous les pays, le communisme a toujours eu le panthéisme doctrinal pour principe et pour point de
départ.

Aux premiers siècles de notre ère, surgirent,
sous le nom générique de gnostiques, de nombreu-
ses sectes de communistes, et de communistes por-
tant les conditions de la communauté jusqu'aux
dernières limites de l'infamie. Les caïnites, les nicolaïtes, les simonites, les ménandrites, les manichéens, les valentiniens, qui avaient choisi pour
patrons et modèles Caïn, Cham, les sodomites,
niaient tous le Dieu qu'adore l'univers, tous étaient
panthéistes.

Voici comment parle des carpocratiens, les plus
progressistes de tous les gnostiques, l'historien et
l'apologiste de ces sectes, M. Matter, inspecteur général de tous les colléges de France.

« Carpocrate suit Valentin (1). Son école se com-

(1) « L'école de Valentin, dit le savant inspecteur, *professa la*
*plus grande richesse de doctrines*..... Ils furent à la fois les plus
hardis de tous les gnostiques, les adversaires *les plus conséquents*

posa de doctrines plus tranchantes que toute autre, quoiqu'elles fussent *cosmopolites*..... *Elle proscrit toutes les lois ;* elle n'en connaît qu'une, *la loi de nature*. On l'a désignée quelquefois par l'épithète d'*éclectique ;* elle la mérite sous quelques rapports... En général, ils aimaient peu les dogmes. Le seul élément qui domine un peu chez eux, était tiré du platonisme de leur temps. A la tête de tous les êtres et de toutes les œuvres, il plaçait la monade, le père inconnu *que nous rencontrons dans tous les systèmes gnostiques....* Tout est émané de cet être, tout doit rentrer un jour dans son sein.... Ils croyaient à la préexistence des âmes, et considéraient les idées comme une réminiscence d'une *primitive et céleste condition*. (1)

« Les carpocratiens se rapprochaient des simoniens et des ménandriens par leurs tendances grecques, comme ils se rapprochaient des nicolaïtes et des caïnites par *leur morale* anti-judaïque et anti-chrétienne. *Le mépris de toute législation morale*

de toutes les institutions *du mosaïsme*, et *les défenseurs les plus intrépides de l'indépendance de l'esprit*, DE TOUS LES ACTES DU CORPS. »

(1) On retrouve mot à mot le même enseignement dans M. Cousin, dans M. Damiron, dans M. Géruzez, dans M. Mallet, dans les livres approuvés et adoptés pour tous les colléges, et qui servent de préparation au baccalauréat. (Voyez Dam. *Cours de philosophie*, pag. 63. Géruzez, *Nouveau Cours philosophique*, pag. 80. M. Mallet, *Manuel de philosophie*, adopté pour l'enseignement des colléges royaux et communaux, et rédigé par un élève de l'École normale, sur le programme officiel du Conseil, pag. 244. Citation de M. Cousin.)

3*

était *leur morale ;* ils la pratiquaient *en telle per-fection* qu'ils atteignirent, qu'ils débordèrent les nicolaïtes et les caïnites, dont ils furent les frères, sinon les descendants. Tout ce que les docteurs orthodoxes appelaient les bonnes œuvres, ils le traitaient de choses extérieures indifférentes. La prière elle-même était comprise dans les pratiques indifférentes.... Tout ce que les orthodoxes enseignaient sur la rédemption et la mort expiatoire d'un Sauveur, était donc de pure superstition. *La nature révèle deux grands principes,* CEUX DE LA COMMUNAUTÉ ET DE L'UNITÉ DE TOUTES CHOSES. *Les lois humaines contraires à ces lois naturelles, sont des infractions coupables à* L'ORDRE LÉGITIME ET DIVIN. POUR RÉTABLIR CET ORDRE, IL FAUT INSTITUER LA COMMUNAUTÉ DU SOL, DES BIENS ET DES FEMMES. En général, *plus on méprise les lois du Demiurge* (le Dieu de l'univers, Jéhova), c'est-à-dire, toutes les législations existantes, *plus on se délivre de tout ce que le vulgaire nomme religion, plus on honore l'être suprême,* PLUS ON DEVIENT SEMBLABLE A DIEU. (1)

Le même historien universitaire dit de Manès, le chef des manichéens : « L'âme, ou l'idée mère qui animait tout son système, et qui perce plus ou moins dans toutes les écoles de la gnose, *est le panthéisme.* Selon lui, Dieu est en tout; *toutes les âmes sont égales ; Dieu est dans toutes ;* et cette animation ne se borne pas *aux hommes et aux animaux, elle*

(1) *Histoire du gnosticisme,* tom. II, pag. 264 et suiv. et *Histoire de l'Église chrétienne,* tom. I, pag. 169 et 170.

*est la même dans les plantes.... Il proscrivait le mariage..., tout en permettant les plaisirs.* (1)

Ils étaient aussi panthéistes, selon M. Michelet autre professeur d'histoire et de morale universitaire, ces communistes flamands du treizième siècle *à qui le Dieu des cathédrales, le Dieu riche des riches et des prêtres, était devenu étranger, et qui sortaient de leurs caves, éblouis du jour, farouches, avec ce gros et dur œil bleu si commun en Belgique, mal armés de leurs outils, mais terribles de leur aveuglement et de leur nombre;... et c'était* UNE SOMBRE POÉSIE DE RÉVOLTE. (2)

Le gnosticisme et le manichéisme, que M. Matter vient de nous dire avoir eu le panthéisme pour âme, était encore, selon M. Michelet, la doctrine de ces autres communistes qui, un peu plus tard, sous le nom d'albigeois et de routiers, IMPIES COMME NOS MODERNES, dit toujours M. Michelet, et *farouches comme les barbares, pesaient cruellement sur le pays, volant, rançonnant, égorgeant au hasard, faisant une guerre effroyable..., chers aux princes, précisément à cause de leur impiété, qui les rendait insensibles aux censures ecclésiastiques.* (3)

Ils étaient panthéistes aussi, selon M. Matter, les plus avancés de ces autres communistes qui, sous le nom de hussites, *entreprirent d'extirper avec le feu et le glaive tout luxe de vêtement,* les châteaux,

(1) Ibid, pag. 173 et suiv.
(2) *Histoire de France*, tom. II, pag. 396 et suiv.
(3) Ibid. pag. 404, 409 et 472.

les églises, les colléges, les lettres, *la paresse elle-méme, dussent les coupables s'entourer des voiles du mystère.* Ils joignaient, dit encore M. Matter, à leur haine de la religion catholique, *ces idées d'une absolue égalité, d'une fraternité religieuse, qui* PRENNENT LEUR SOURCE LA PLUS SAINTE DANS UNE SORTE DE PANTHÉISME, SUIVANT LEQUEL TOUT EST ÉMANÉ DE DIEU *et né pour rentrer un jour dans son sein.* Ce n'était plus une affaire de hiérarchie seulement que la leur, c'en était une de MORALE, DE PIÉTÉ, *en un mot*, DE RÉFORME RADICALE. (1)

Et pour que la preuve de la connexion nécessaire entre le communisme et le panthéisme soit complète, tous les genres de communistes, qui menacent de nos jours d'arracher la société à tous ses fondements, se vantent eux-mêmes d'avoir choisi le panthéisme pour point de départ.

« DIEU EST TOUT CE QUI EST, » disait le Père Enfantin dans sa défense du saint-simonisme devant les tribunaux, rapportée avec éloge par M. Louis Blanc, « donc, plus de guerre entre les deux prin- « cipes, l'esprit et le corps, l'intelligence et la « chair. Nul de nous n'est hors de Dieu, mais nul « de nous n'est (seul) Dieu ; donc, plus d'esclaves,

---

(1) *Histoire de l'Église chrétienne*, tom. III, pag. 515 et suiv. Jean Huss, selon le docte professeur, était *l'un des hommes de forte volonté que les classes inférieures de la société sont à peu près exclusivement en possession de fournir à l'Histoire.* (Voyez plus haut les mêmes doctrines dans les communistes actuels, pag. 20 et 22.)

« plus de réprouvés , plus d'adoration servile de
« l'homme à l'égard de l'homme , plus d'exploitation
« despotique ; CHACUN DE NOUS VIT DE LA VIE DE DIEU, ET
« TOUS NOUS COMMUNIONS EN LUI ; donc , plus d'an-
« tagonisme entre l'individu et la société, entre l'inté-
« rêt et le devoir. — Harmonie , égalité , fraternité ,
« voilà les trois vastes idées sociales qu'embrassait la
« définition donnée par Enfantin de la Divinité. Et
« l'on accusait les saint-simoniens de n'être pas une
« société religieuse , de n'avoir sur Dieu d'autres
« notions que celles d'un panthéisme confus ! (1) »

« Le génie de Fourier , dit M. Victor Considé-
« rant, dominant le temps et l'espace, a conquis et
« livré à l'homme la connaissance de la constitu-
« tion analogique des choses, la loi cosmogonique de
« l'unité du monde. L'idée de *l'unité universelle* est
« adéquate à la raison, et les manifestations supé-
« rieures de cette idée ont constitué, dans tous les
« temps, les manifestations supérieures de l'intelli-
« gence humaine.... *La solidarité de toutes les vies*
« *individuelles, successives et hiérarchiquement as-*
« *sociées* , CONSTITUE LA VIE UNIVERSELLE , L'ÊTRE-
« VIVANT-ABSOLU.... L'étude de l'unité universelle
« pour l'homme se divise en trois branches : *unité*
« *de l'homme avec lui-même, unité de l'homme*
« *avec Dieu, unité de l'homme avec l'univers.* (2) »
Enfin, M. Proudhon, un des principaux chefs du

(1) *Histoire de dix ans* , tom. III, pag. 355.
(2) *Exposition abrégée du système phalanstérien* de Fourier,
pag. 61 , 62 et 64.

socialisme, s'exprime ainsi lui-même, avec une franchise qui exclut toute équivoque : « Oubliez votre
« foi, et par sagesse, devenez athée.... On a dit : Si
« Dieu n'existait pas, il faudrait l'inventer. — Et
« moi, je dis : Le premier devoir de l'homme intel-
« ligent et libre est de chasser incessamment l'idée
« de Dieu de son esprit et de sa conscience. Car
« Dieu, s'il existe, est essentiellement hostile à notre
« nature, et nous ne relevons aucunement de son
« autorité.... Ma raison, longtemps humiliée, s'élève
« peu à peu au niveau de l'infini ; avec le temps, elle
« découvrira tout ce que son inexpérience lui dé-
« robe.... Je me purifierai, j'idéaliserai mon être, et
« je deviendrai le chef de la création , l'égal de
« Dieu.... »

« Ton nom (le nom de Dieu), si longtemps le der-
« nier mot du savant, la sanction du juge, la force
« du prince, l'espoir du pauvre, le refuge du cou-
« pable repentant, eh bien ! ce nom incommuni-
« cable, désormais voué au mépris et à l'anathème,
« sera sifflé parmi les hommes, car Dieu, c'est sot-
« tise et lâcheté.... Dieu, c'est le mal. Tant que l'hu-
« manité s'inclinera devant un autel, l'humanité,
« esclave des rois et des prêtres, sera réprouvée ;
« tant qu'un homme, au nom de Dieu, recevra le
« serment d'un autre homme, la société sera fondée
« sur le parjure ; la paix et l'amour seront bannis
« d'entre les mortels. Dieu, retire-toi, car dès au-
« jourd'hui, guéri de ta crainte et devenu sage, je
« jure, la main étendue vers le ciel, que tu n'es que

« le bourreau de ma raison, le spectre de ma con-
« science.... »

« La propriété, par principe et par essence, est
« donc immorale. Cette proposition est désormais
« acquise à la critique. Conséquemment, le code,
« qui, en déterminant les droits du propriétaire, n'a
« pas réservé ceux de la morale, est un code d'im-
« moralité; la jurisprudence, cette prétendue science
« du droit, qui n'est autre que la collection des
« rubriques propriétaires, est immorale; et la justice,
« instituée pour protéger le libre et paisible abus
« de la propriété, la justice, qui ordonne de prêter
« main forte contre ceux qui voudraient s'opposer
« à cet abus, qui afflige et *marque d'infamie* qui-
« conque est assez osé pour prétendre réparer les
« outrages de la propriété, la justice est infâme....»

« Le socialisme, en pénétrant les masses, est de-
« venu tout autre ; le peuple s'inquiète peu de
« l'honneur des écoles; il demande le travail, la
« science, le bien-être, l'égalité. Peu lui importe
« un système, pourvu que la chose s'y trouve....»

« Que le prêtre se mette enfin dans l'esprit que
« le péché, c'est la misère, et que la véritable vertu,
« celle qui nous rend dignes de la vie éternelle, c'est
« de lutter contre la religion et contre Dieu. » (1)

Ainsi, le panthéisme, ou l'athéisme, est le grand
principe du communisme.

_______

(1) *Système des contradictions économiques, ou philosophie
de la misère.* Citation extraite par l'*Ami de la Religion*, 12 juillet 1848, pag. 114.

Quand donc les masses populaires, saturées d'impiété et des vices qui en sont la conséquence, se lèvent de leur poussière divine, en brandissant leurs armes et demandant à grands cris l'égalité absolue à laquelle elles ont droit comme portion intégrante et substantielle de la Divinité, aux mêmes titres que la bourgeoisie et les fonctionnaires; quand, rencontrant, sur leur chemin, leur proposant la servitude, la misère ou la mort, ceux-là mêmes qui les ont poussées par leur enseignement dans ces horribles doctrines, elles hurlent en frémissant le refrain qui les résume :

> Aux armes, citoyens ! formez vos bataillons,
>     Tuons , rusons.
>   A la victoire et terres et maisons.

Quand le fer, et le feu, et de longs ruisseaux de sang, les accompagnent et les suivent, et qu'au milieu d'affreuses collisions et d'une dissolution universelle, on s'écrie de toutes parts avec effroi :

C'EST LE COMMUNISME !

La logique a-t-elle tort de dire au panthéisme et à ses enseigneurs : Cette guerre impie est votre ouvrage :

**DANS VOS PRINCIPES , LE COMMUNISME A RAISON ?**

# IV.

## QUATRIÈME CAUSE DOCTRINALE DU COMMUNISME.

### *La morale rationaliste, ou la morale d'état.*

*Impii quasi mare fervens quod quiescere non potest, et redundant fluctus ejus in conculcationem et lutum.*

Les impies sont comme une mer sans fixité et sans repos, et dont les flots ne jettent sur la rive que de l'écume et de la boue. (*Isaie, ch. 57, v. 20.*)

Dieu et la religion, bannis de la société, ou tolérés encore comme un rouage gouvernemental, à l'usage du menu peuple, des femmes et des esprits rétrogrades, jusqu'à ce que le progrès et un enseignement de jour en jour plus avancé aient permis de les faire disparaître entièrement, on comprit cependant que la société ne pouvait se passer de liens spirituels, de liens de conscience; et les faiseurs, distinguant dans la religion le dogme et la morale, s'efforcèrent de retenir la dernière, tout en rejetant et méprisant le premier. La raison devait suffire à l'établir et à l'enseigner, et l'état, ou le gouvernement, à la sauvegarder. On ne réfléchissait pas que la raison se confondant dans la plupart des hommes avec l'intérêt et les passions, il n'y aurait bientôt plus , en effet, d'autre principe de morale que l'égoïsme, d'autre morale elle-même que les moyens de se satisfaire, d'autre péché que la misère, d'autre vertu que le bien-être et le succès qui y conduit.

On ne prit pas même garde que la raison de chaque individu, ayant été proclamée souveraine et pleinement indépendante en matière de dogmes et de croyances, ne pouvait pas, sans contradiction, reconnaître un maître en matière de vertu et de morale, qui, elles aussi, n'étaient après tout qu'une croyance, et que bientôt il n'y aurait pas plus de morale et de vertus debout dans les intelligences et dans les cœurs, que de dogmes et de religion.

C'était, d'ailleurs, arracher à la morale et à ses lois toute autorité, toute sanction réelle, et pour les croire et les pratiquer, tous les secours multipliés à l'infini et les seuls efficaces que fournissaient la religion, ses sacrements et son culte; c'était proclamer de nouveau et pratiquement la souveraine indépendance de l'homme de toute autre loi que de celle qu'il voudrait lui-même s'imposer; c'était le proclamer Dieu. Il n'y manquait plus que la cérémonie de l'apothéose, et la formule parfaitement adéquate de 93 : UNE PROSTITUÉE NUE SUR UN AUTEL.

Dès lors, et par la force même des choses, quelque obstacle qu'opposassent les mœurs chrétiennes et l'enseignement catholique devenu esclave , et sans trop de résistance, il arriva à la morale ce qui était arrivé au dogme : la négation fut poussée jusqu'aux dernières limites.

L'enfant ne crut plus rien devoir à son père, passé l'âge où il n'avait plus besoin de lui. Le respect filial et l'obéissance ne furent plus et ne purent plus être qu'un contre-sens devant la raison individuelle déclarée souveraine.

Les pères et mères ne cherchèrent dans les enfants que leur satisfaction propre, et l'égoïsme sapa, au nom de la raison elle-même, les lois les plus sacrées de la nature, pour assouvir les passions, sans les charges de la famille.

Devant ce crime, et cette intention perpétuelle et mille fois renouvelée d'infanticide, l'exposition et l'infanticide réel ne furent plus qu'un scrupule dissipé par l'évidence de l'intérêt et de l'honneur, et ils se multiplièrent au point de faire céder toutes les lois.

En dix ans, l'assassinat augmenta de plus d'un tiers; le suicide de plus du double et le parricide tripla.

La pudeur et la continence ne furent plus qu'un préjugé contre nature, une morale de capucin, et la fornication, l'adultère, le viol, tous les genres d'impudicités, se propagèrent avec la rapidité d'une contagion endémique, et vinrent de toutes parts corrompre et flétrir les générations jusque dans leur racine.

Le travail cessa d'être une loi, dès que, par un moyen plus court et moins lourd à la nature, on put arriver à la fortune. Les maîtres rusèrent avec les domestiques; les fabricants avec les ouvriers; les producteurs avec les consommateurs ; l'état et ses fonctionnaires avec les subordonnés et les imposables; les imposables, les subordonnés, les consommateurs, les ouvriers et les domestiques, avec l'état et ses fonctionnaires, avec les producteurs, les fabricants et les maîtres. Les idées sur la propriété s'obscurcirent généralement, et d'une extrémité de la France à l'autre, du haut en bas de l'échelle sociale, l'injustice fut à l'ordre du jour.

On vola le peuple par des impôts, des concussions et des places, qui allèrent se multipliant toujours, et dépassèrent toutes les bornes.

On vola l'état par tous les genres de fraudes, d'artifices et de doubles emplois.

On vola les domestiques et les ouvriers, par des retenues contraires à toutes les lois de l'équité.

On vola les maîtres par des larcins déguisés, en compensations, de toutes les formes.

On vola les consommateurs par tous les genres d'altération, de falsification et de sophistiqueries.

Chaque année, l'état poursuivait, emprisonnait par cinquantaine de mille les petits voleurs ou les voleurs maladroits, et l'idée de propriété s'altérait chaque jour davantage dans les intelligences, et devenait même pour les pauvres prolétaires, un objet de malédiction et de haine.

Tous les crimes se multipliaient avec une progression effrayante, et les assises elles-mêmes, cette grande et désormais unique régulatrice de la morale rationaliste, ou d'état, pliaient sous le faix, et à chaque attaque, battaient en retraite, et s'abritaient derrière les circonstances atténuantes.

C'était l'heure du communisme ; les saints-simoniens le proclamèrent à leur manière et le prêchèrent comme une religion, de la cité au village, de la bourgade au hameau ; le fouriérisme en fit des essais dans ses phalanstères ; les sociétés secrètes l'organisèrent, le développèrent et l'armèrent dans toutes les grandes villes, et Enfantin put, dès 1831, le formuler dans l'abolition des héritages et la réhabilitation de la chair par la femme libre, en attendant que Proudhon pût, en 1846, en publier la plus franche théorie, en proclamant impunément, par toutes les voies de la presse, que LA PROPRIÉTÉ, C'ÉTAIT LE VOL ; que LE PÉCHÉ, C'ÉTAIT LA MISÈRE ; que DIEU, C'ÉTAIT LE MAL, et que LA VÉRITABLE VERTU, CELLE QUI NOUS RENDAIT DIGNES DE LA VIE ÉTERNELLE, C'ÉTAIT DE LUTTER CONTRE LA RELIGION ET CONTRE DIEU.

Et que pouvait, contre cette invasion sauvage, l'état appuyé de toutes les forces du rationalisme ? Il laissait faire, il encourageait ; puis, quand il craignait de voir son établissement personnel compromis, répudiant ses propres principes, il citait le saint-simonisme devant ses tribunaux ; et le saint-simonisme, enhardi par tant d'inconséquences, répondait ainsi au réquisitoire du procureur royal, par la bouche de MM. Michel Chevalier,

Duveyrier, Barrault, et de leurs conseils, MM. *Si-mon* (1), Lambert et d'Eichtal (2) :

« DIEU EST TOUT CE QUI EST: donc, plus de guerre
« entre les deux principes, l'esprit et le corps, l'in-
« telligence et la chair. »

« Nul de nous n'est (seul) Dieu : donc, plus d'es-
« claves, plus de réprouvés, plus d'adoration ser-
« vile de l'homme à l'égard de l'homme, plus d'ex-
« ploitation despotique. »

« CHACUN DE NOUS VIT DE LA VIE DE DIEU, ET TOUS
« NOUS COMMUNIONS EN LUI : donc, plus d'antago-
« nisme entre l'individu et la société, *l'intérêt et*
« *le devoir.....* »

« Et quels sont les hommes qui osent dénier à la
« famille saint-simonienne un caractère religieux ?
« Des hommes qui, faisant profession ouverte d'in-
« différence en matière de religion, avaient mis
« l'athéisme dans la loi; des hommes qui avaient
« fait disparaître de l'enceinte de ce même tribunal
« où ils siégeaient, la majesté de Jésus crucifié; des
« hommes qui couvraient d'une toile verte l'image
« de leur Dieu, ainsi qu'une chose mauvaise à
« voir !..... »

(1) Ce M. Simon serait-il le même que M. J. Suisse, dit Simon,
suppléant de la plupart des chaires de M. Cousin, soit à la Sorbonne, soit à l'École normale?

(2) Toute cette défense est extraite mot pour mot, à l'exception
de ce qui est entre parenthèses, de l'*Histoire de dix ans* de
M. Louis Blanc, tom. III, pag. 355 et suivantes. Lui-même la termine ainsi: « Tel fut au fond et en raccourci le système de défense présenté par les prévenus..... »

« On accuse notre doctrine d'immoralité. Or,
« qu'y a-t-il d'immoral à demander que les relations
« entre époux fussent soumises à un règlement nou-
« veau, qui leur ôtât *ce caractère d'exclusion*, et
« conséquemment de violence ou de ruse, que leur
« imprimait la loi chrétienne (tranformée par l'état
« en rationalisme). Aurait-on aboli le mariage,
« quand l'homme et la femme, le plus capables de
« diriger l'humanité (au jugement de qui?), quand
« le prêtre et la prêtresse, auraient été investis du
« droit (investis par qui?) de consacrer par leur
« sanction les peines et les plaisirs de l'hymen? Que
« voyait-on de monstrueux à ce que, dans un sacer-
« doce obéi volontairement, l'empire de la beauté
« se trouvât associé au pouvoir de l'intelligence? »

« Cet empire de la beauté, après tout, il était
« absolu, irrésistible; et ceux-là le subissaient en
« secret, qui affectaient en public de nier sa légiti-
« mité. Car enfin, même sous l'influence de la loi
« chrétienne (rationalisée par l'état), la société s'é-
« tait bien donné de garde de proscrire les joies de
« la chair; le peuple, on le savait du reste, allait
« plus volontiers au bal qu'au sermon, et les dépu-
« tés, personnages graves, venaient de voter moins
« de huit cent mille francs aux évêques, et près d'un
« million à l'Opéra. Mais quoi! cet Opéra n'était-il
« pas un temple élevé au culte de la beauté? Au
« milieu des parfums s'exhalant de la chevelure
« dénouée de ses danseuses, sous la pluie de lu-
« mière tombant de son lustre, devant ces gracieu-

« ses phalanges de femmes légères, passant au tra-
« vers des riches peintures et des sons d'une musi-
« que enivrante, les sens manquaient-ils d'excita-
« tions fortes? la chair manquait-elle d'adorateurs?
« La loi chrétienne (dans sa morale séparée de son
« dogme et de toute autorité divine), n'était donc
« pas observée! Eh! comment aurait-elle pu l'être, »
enchaînée dans son enseignement, insultée, blas-
phémée, ouvertement niée par l'enseignement
d'état, dans sa source, dans ses croyances, dans
son sacerdoce, dans ses sacrements, dépositaires
de la grâce, qui peut seule élever l'homme au-dessus de la chair ?

« Quel spectacle, en effet, présentait au mora-
« liste cette société au nom de laquelle on accusait
« les saints-simoniens d'immoralité? Sur vingt-neuf
« mille enfants nés dans Paris, près de dix mille
« avaient été conçus dans des embrassements illé-
« gitimes; (aux yeux mêmes de la morale d'état),
« LES COLLÉGES ÉTAIENT INFECTÉS DE VICES, PAR QUI
« LES ENFANTS ÉTIOLÉS DEVENAIENT VIEUX AVANT D'A-
« VOIR ATTEINT L'ADOLESCENCE; les amours étaient
« souillées d'un horrible venin qui empoisonnait jus-
« qu'aux mamelles des nourrices; on ne pouvait
« faire un pas dans les rues sans s'y heurter au
« libertinage patenté; et naguère encore, au Palais-
« Royal, dans le même palais qui abritait la reine
« et sa jeune famille, la prostitution avait son sanc-
« tuaire impur. (Une partie lui était chèrement louée
« par le chef de l'état.) Que parlait-on de la famille,

« dans une société où l'adultère était enseigné sur
« tous les théâtres, chanté par tous les poëtes, re-
« présenté avec charmes par tous les artistes, paré
« dans tous les romans des grâces de l'imagination,
« et couvert par la sainteté de l'amour? On avait cru
« flétrir le saint-simonisme, en prononçant ce mot:
« *Le droit du Seigneur.* Le droit du Seigneur! il exis-
« tait dans la société que les saint-simoniens vou-
« laient régénérer, et *c'était le droit du plus riche!*
« Car, dans cette société, il était amplement pourvu
« aux plaisirs des *honnétes gens* (comme parlait
« Voltaire), et il y avait, à côté de l'armée des fils
« du peuple, chair à canon jetée à l'agression étran-
« gère, l'armée des filles du peuple, malheureuses
« que la pauvreté condamnait au plaisir comme à
« une corvée infâme, chair banale et vénale livrée
« d'avance à l'assouvissement de tous les appétits
« matériels. Ainsi, le vice avec l'hypocrisie, ou le
« vice avec l'impudeur et la faim; au défaut de la
« corruption poétisée, la corruption patentée; en
« haut l'adultère, en bas la prostitution. »

« Vous qui nous accusez, dit à son tour à la Ré-
« publique le chef du saint-simonisme, si vous
« voulez vraiment nous juger, il faut que vous pré-
« sentiez un remède meilleur que le nôtre. Or, je
« ne vois, d'une part, que *les Madelonnettes, les*
« *Filles repentantes, la Salpétrière;* de l'autre, que
« *la Force* ou *Sainte-Pélagie...* » L'état, en effet, n'a
pas d'autre sanction à sa morale, ni d'autre remède
à l'immoralité!

4

« Quant à nous, voici nos remèdes : sanctification
« de la beauté et réhabilitation de la chair ; direc-
« tion et règle des appétits physiques (non par le
« mariage, puisque la religion catholique l'a fait,
« en l'élevant à la dignité de sacrement, mais par
« la communauté des femmes égale pour tous,
« ou par la prostitution sanctifiée au profit du prê-
« tre et de la prêtresse saint-simonienne, remède
« évidemment pire que le mal). *Réorganisation*
« *de la propriété* (communauté des biens), car
« la misère du travailleur et la richesse de l'oi-
« sif, sont les causes matérielles de l'adultère et de
« la prostitution. Mais voyez : lorsque nous venons
« de dire que la misère héréditaire et l'oisiveté hé-
« réditaire, résultats de la constitution actuelle de
« la propriété, qui est fondée sur le droit de nais-
« sance, doivent cesser, on nous accuse de boule-
« verser l'état. Nous avons beau dire que cette trans-
« formation de la propriété ne peut se faire que
« progressivement, pacifiquement, volontairement
« (par l'impôt progressif, sans doute, les droits de
« 20 et 50 pour cent sur les successions, le mono-
« pole de l'enseignement par l'état, sans exception
« et sans limites, même de l'enseignement des filles);
« qu'elle peut se faire beaucoup mieux que ne s'est
« opérée la destruction des droits féodaux, avec
« tous les systèmes d'indemnité imaginables (par
« qui payées et à qui ? vol et cercle vicieux le plus
« absurde), et avec plus de lenteur même que vous
« n'en mettez dans les expropriations pour cause

« d'utilité publique, on n'écoute pas, on condam-
« ne, nous sommes des perturbateurs! Sans nous
« lasser, nous montrons que cette transformation
« est appelée par tous les besoins actuels et futurs
« de la société; qu'elle est signalée d'une manière
« palpable par la création du code de commerce, et
« par toutes les habitudes industrielles qui favori-
« sent la mobilisation de la propriété, sa transmis-
« sion de la main oisive ou peu capable à la main
« laborieuse et capable (et qui sera juge? c'est la
« reconstitution, par l'arbitraire, d'une aristocratie
« de la capacité: femmes et biens de tout genre aux
« capables; célibat et misère aux incapables et aux
« infirmes!); nous montrons cela, et vous vous écriez
« que notre association est dangereuse! Il faut bien,
« cependant, substituer à un ordre mauvais un
« ordre bon, car le but de la société n'est pas seu-
« lement de *maintenir*, elle veut s'améliorer, *pro-*
« *gresser*. C'est ce que nous voulons faire également
« *en morale.....* »

« Il est vraiment remarquable que ce soient pré-
« cisément les hommes qui exercent le plus absolu
« despotisme à l'égard de la beauté et de la femme,
« qui nous accusent avec plus de violence de vou-
« loir rétablir dans le monde un despotisme abru-
« tissant. Ils disent que notre sacerdoce abusera de
« sa puissance (et aussi et surtout, que, dans ce
« sacerdoce, tout est usurpation, sans mission su-
« périeure et sans autorité). Mais cette objection
« peut être élevée contre toute autorité (non con-

« tre celle qui vient de Dieu et à qui Dieu a promis
« l'infaillibilité). Le chef d'une société, par cela seul
« qu'il est chef, a du pouvoir; c'est une vérité de
« définition. Or, quelle est la garantie contre l'abus
« du pouvoir? Nous n'en connaissons qu'une, sa-
« voir, que la puissance soit acquise à la capacité et
« non à la naissance. Tant que le principe de la
« transmission du pouvoir politique et de la richesse
« sera celui de la naissance, nous aurons droit de
« dire que tous vos systèmes de garanties engen-
« drent ou maintiennent le plus abrutissant despo-
« tisme, puisqu'ils confèrent fortuitement la puis-
« sance. »

C'était le rationalisme luttant contre le rationalisme; la question était interminable; l'état la tran-
cha en employant la force contre les chefs du saint-
simonisme, et en pactisant avec les autres, dont il
fit des sous-préfets, des préfets, des magistrats, des
professeurs de toutes sortes, en les rendant à la mère
qui les avait formés. Plusieurs mêmes devinrent députés, directeurs de ministère, et naguère encore,
la France en subissait un pour ministre de l'instruction publique et des cultes (1).

(1) « Les membres les plus importants du saint-simonisme, dit
M. Louis Blanc (*Histoire de dix ans*, tom. III, pag. 138), avaient
été jusque là, après Bazard et Enfantin, MM. Pierre Leroux,
homme de lettres, ( plus tard rédacteur en chef de la *Revue indépendante*, en compagnie de Mme George Sand); Reynaud (naguère directeur du ministère de l'Instruction publique); Transon,
Cazeaux, Michel Chevalier ( depuis conseiller d'état et professeur
d'économie sociale au collége de France); Lambert (depuis Lambert-

Et il se fit de noires et profondes ténèbres ; tous les droits s'obscurcirent ; l'état tendit de plus en plus à tout absorber, et sa morale fit une longue,

Bey, au service de Méhémet-Ali, etc.) ; Fournel, tous ingénieurs des mines, et qui tous étaient sortis avec honneur de l'école polytechnique ; D'Eichtal, fils d'un banquier juif ; Pereire, industriel ; Duveyrier, avocat ( depuis vaudevilliste, et associé à la *Presse* pour l'exploitation des annonces ) ; Margerin, lieutenant d'artillerie ; Barrault, ex-professeur de rhétorique ; Laurent ( depuis juge à Privas ), et de qui M. Sainte-Beuve disait, en parlant de sa nature de tribun, qu'il l'avait vu marcher sur la crête de la Montagne ; Jules Le Chevallier, homme de lettres ; Carnot, fils du célèbre membre du Comité de salut public ( depuis député, représentant, et ministre de l'Instruction publique et des Cultes ) ; Dugied, fondateur du carbonarisme sous la Restauration ; Olinde Rodrigues, l'héritier des doctrines de S.-Simon, et enfin, Mme Bazard. » Blanc ajoute en note : « MM. Transon et Dugied sont rentrés avec éclat dans le giron du catholicisme, M. Margerin est professeur dans une des universités catholiques de Belgique.... ; Mme Bazard est rentrée dans le sein du catholicisme avec son gendre, M. de Saint-Chéron, rédacteur de l'*Univers religieux ;* MM. Jean Reynaud et Pierre Leroux, deux puissants philosophes, ont continué à poursuivre dans leurs travaux le double but de leurs anciennes études : la religion et l'humanité. »

« Quant aux idées des saint-simoniens, dit plus loin (pag. 366), le même historien, quant aux idées des saint-simoniens sur la réhabilitation du principe d'autorité ( par la capacité ), sur le crédit de l'état, sur l'abolition de tous les priviléges de naissance, sur la destruction du prolétariat, et dans la seconde phase du saint-simonisme, sur la mission religieuse du pouvoir, combinée avec l'émancipation des femmes, la bourgeoisie ne pouvait admettre de pareils systèmes, sans prononcer sa propre déchéance. Aussi les repoussa-t-elle avec un emportement sincère et un mépris simulé ; mais *ils ne périrent point* tout à fait pour cela, et ils restèrent comme en dépôt dans les esprits d'élite, où ils devaient germer et subir de fécondes modifications. »

une bien longue étape dans les voies de la négation, où, quinze ans plus tard, elle rencontra face à face le socialiste Proudhon.

### L'ÉTAT.

De quel droit, prolétaire, viens-tu, par des doctrines séditieuses et immorales, troubler la propriété, le boulevard électoral, le fondement de l'ordre et de la société?

### LUI.

Du droit de ma raison. Il m'est démontré, au contraire, que le plus grand ennemi de la société, après Dieu et la religion, qu'à la suite de l'état je pourchasse de tous les cœurs, c'est la propriété. La propriété, c'est le vol. Il ne se dit pas en mille ans deux mots comme celui-là pour faire progresser la morale, et faire rentrer l'humanité dans les lois du grand tout: égalité, liberté, fraternité. Je n'ai d'autre bien sur la terre que cette définition de la propriété; je la tiens plus précieuse que les millions de Rothschild, et j'ose dire qu'elle sera l'événement le plus considérable du gouvernement de Louis-Philippe. Mais de quel droit m'interpelles-tu toi-même? qui es-tu pour oser ainsi juger ma foi, et la qualifier d'immorale et de séditieuse? (1)

(1) Le communisme de Proudhon fut aussi cité devant les tribunaux par le gouvernement de Louis-Philippe. « Traînée devant

## L'ÉTAT.

Je suis l'état.

### LUI.

Qui, l'état? Connais pas. Ton nom?

### L'ÉTAT.

Avant-hier, je m'appelais Napoléon, prince de Bénévent et Fouché; hier, Charles X, évêque Feutrier et comte De Portalis; aujourd'hui, j'ai pour nom Louis-Philippe, Guizot, Cousin, Villemain, Duchâtel et Salvandy.

### LUI.

Demain, tu t'appelleras Proudhon, Blanqui et Barbès..... Je te connais; nous avons travaillé ensemble dans la charbonnerie (1). Mais quels sont tes

les tribunaux, dit M. Louis Blanc (*Histoire de dix ans*, tom. III, pag. 158), la *Société des Amis du peuple* fut condamnée à l'amende et à la prison, dans la personne de MM. Raspail, Bonnias, Gervais, Thouret et Blanqui, mais après des scènes d'audience où auraient éclaté le dédain des accusés pour les juges, et leur ferme résolution de ne jamais fléchir. »

(1) Devant la Chambre des pairs, au procès d'avril, M. Trélat, dans sa défense, disait : « Il y a ici tel juge qui a consacré dix ans de sa vie à développer les sentiments républicains dans l'âme des jeunes gens. Je l'ai vu, moi, brandir un couteau en faisant l'éloge de Brutus. Ne sent-il donc pas qu'il a une part de responsabilité dans nos actes? Qui lui dit que nous serions tous ici, sans son éloquence républicaine? J'ai là, devant moi, d'*anciens complices de charbonnerie*; je tiens à la main le serment de l'un d'eux, serment à la république, et ils vont me condamner pour être resté fidèle au mien !..... »

titres aujourd'hui, pour commander à ma raison et lui imposer une morale?

L'ÉTAT.

La nécessité et le pouvoir, ceux-là mêmes que tu auras demain, si.....

LUI.

Titres faux! La nécessité? Jusqu'en 1830 on s'était passé de vous, et il m'est avis que vous auriez pu rester ce que vous étiez, sans aucun danger pour la patrie. — Le pouvoir? c'est la supériorité qui le donne, et, hommes comme moi, je ne vous en reconnais aucune. Ma raison est égale à la vôtre; sa souveraineté est un droit depuis longtemps acquis, et si je ne me trompe, plus d'une fois proclamé par vous-mêmes.

L'ÉTAT.

Je suis la majorité.

LUI.

Nous compterons lorsque vous voudrez; et quand vous la seriez, ma raison n'en est pas moins souveraine devant la majorité, comme devant la minorité, et elle ne se prosternera jamais devant la vôtre, en morale comme en tout le reste, fussiez-vous dix millions.

### L'ÉTAT.

C'est l'anarchie, et je la comprimerai. Tu te prosterneras, car j'ai la force.

### LUI.

C'est le despotisme brutal, une servitude inouïe, et je la repousserai. Je ne me prosternerai pas, parce que ma raison est souveraine et que je suis libre.

### L'ÉTAT.

Au plus fort donc?

### LUI.

Au plus fort!

> Aux armes, citoyens! formons nos bataillons.
>     Tuons, rusons!
> A la victoire et terres et maisons.

Et quelques années s'étant écoulées, LUI et les siens, toutes les sociétés secrètes firent explosion et l'emportèrent par la force; en haut, en bas et dans toute l'Europe, il y eut des joies sauvages; en haut et en bas, il y eut d'indicibles angoisses; et quand les vainqueurs voulurent jouir comme ils l'entendaient, de leur victoire, rencontrant de toutes parts de passives mais opiniâtres résistances, et s'imaginant que la ruse vaincue leur avait repris l'empire, ils en appelèrent de nouveau à la force dans de ténébreux et farouches complots. Bientôt et partout, on ne parla plus, pour des temps rapprochés, que d'immenses catastrophes , d'atroces luttes, de sang, de viol, d'incendie et de pillage, et les sociétés , d'une extrémité du monde à l'autre, frémissant d'épouvante ou de haine, n'eurent qu'à choisir entre deux abîmes : l'abîme de l'anarchie, où tout ordre et toute morale périssent, noyés dans des flots de sang; et l'abîme du despotisme, où toute liberté , toute dignité humaine , meurent, étouffées dans une mer de boue.

C'ÉTAIT L'HEURE DU COMMUNISME !

Et la logique dit au rationalisme et à la morale d'état :

DANS VOS PRINCIPES, IL A RAISON.

# V.

## CINQUIÈME CAUSE DOCTRINALE DU COMMUNISME, RÉUNISSANT TOUTES LES AUTRES.

*L'enseignement d'état, ou le monopole universitaire. — Rationalisme et négation de toute religion révélée.*



Cependant, les hommes qui, au nom de la souveraineté de la raison, avaient rejeté le droit divin avec mépris, renié la souveraineté de Dieu et Dieu lui-même, repoussé, selon les temps, avec audace ou hypocrisie, toute religion révélée, entreprirent de se substituer à Dieu lui-même et à son Église, et de vendre, au nom de l'état, seuls et à grand prix, l'instruction morale et religieuse, les langues, les lettres, l'histoire et les sciences, que l'Église, avant eux, enseignait gratuitement à qui librement voulait les apprendre. Et l'on vit, chose inouïe dans ses annales et dans celles du monde! la nation la plus fière, celle qui venait de refuser de s'incliner devant l'autorité de Dieu par la religion catholique, se prosterner devant ce monopole, devant cette idole d'or, de bronze et de boue, et lui livrer ses fils et ses filles, l'enfance, la jeunesse et l'âge mûr, pour qu'ils y fussent initiés à la plus vaste anarchie intellectuelle, aux impiétés les plus contradictoires et les plus anti-sociales qui aient jamais été formulées dans aucune langue humaine.

Il y eut, sous la direction souveraine de l'état ayant nom Louis-Philippe, Guizot, Cousin, Villemain, Salvandy, des salles d'asile, des classes primaires, des classes d'adultes-hommes et d'adultes-femmes, des classes secondaires, un enseignement supérieur; et une armée de maîtres et de maîtresses, de surveillants et de surveillantes, de régents et de professeurs, de censeurs et de proviseurs, d'inspecteurs et de sous-inspecteurs, de recteurs et de grands-maîtres, largement *émolumentés* aux frais des contribuables, éleva et fit retentir au nom de l'éta tune voix bruyante comme les flots d'une mer en furie et qui emporte tous ses rivages, rauque, heurtée, confuse, dissolvante et sauvage comme le communisme qu'elle portait dans ses flancs, et que ses enseignements devaient enfanter et faire grandir sur les ruines de toutes les croyances.

C'était d'abord, sur mille tons et sous mille formes, le déisme et le rationalisme, ici, louant et exaltant tous les hérétiques, tous les sectaires, tous les ennemis de la religion et de la société, depuis les gnostiques et les carpocratiens jusqu'aux hussites et aux massacreurs de 93, depuis Manès et Mahomet jusqu'à Robespierre ; là, attaquant, insultant la religion, ses mystères, son culte et son sacerdoce ; ailleurs, blasphémant, mettant en doute, reniant tous les dogmes, toutes les croyances du christianisme, et jusqu'à sa morale elle-même.

C'était ensuite le matérialisme, le panthéisme et l'athéisme, secouant jusque dans ses fondements la société elle-même, justifiant tous les crimes par un scepticisme et un fatalisme sans frein, arrachant des consciences jusqu'à la crainte des châtiments d'une autre vie, jusqu'à la croyance en Dieu, jusqu'à l'instinct de sa propre conservation, jusqu'au sens moral lui-même.

Les preuves de ces accusations, nous les avons portées au grand jour de la publicité et de l'évidence dans *Le Monopole universitaire, destructeur de la religion et des lois*, et le monopole lui-même n'a pu y opposer, dans la *Revue des deux mondes*, que la signature d'un étranger, d'un de ses plus dévoués professeurs, poursuivi maintenant lui-même pour avoir, devançant la reconnaissance officielle du communisme, copié, puis volé et vendu à l'Angleterre, où il s'est réfugié, les manuscrits les plus précieux des bibliothèques publiques, où il s'était in-

troduit comme inspecteur ou comme professeur.(1)
Il suffira donc de reproduire quelques-unes de nos
preuves, celles qui démontrent avec plus d'évidence
que c'est *l'état enseignant*, l'état renversé par les
journées de février, qui a dissous, surtout dans
les générations actuelles, tous les liens sociaux
noués par la foi et la religion, et posé dans tous les
rangs l'anarchie des idées, et les causes de ce communisme qui menace la société d'une subversion
totale. (2)

(1) Comme, dans cet article de la *Revue des deux mondes*, si-
gné LIBRI, nous étions traité de *faussaire* par l'urbanité italico-
universitaire, il nous a suffi, pour lui faire garder sur la question
de la liberté d'enseignement, un silence qu'il n'a plus rompu, de lui
rappeler, par allusion seulement dans l'*Université jugée par elle-
même*, le nom d'un homonyme qui lui était bien connu, et dont on
lit, dans la *Biographie des Contemporains*, l'article suivant:
    « Libri Bagnano (le comte de), est né en Italie d'une famille
« très-ancienne et très-connue en Toscane, à qui elle a fourni des
« hommes d'état distingués. Il vivait à Toulouse en simple parti-
« culier, lorsqu'il y fut arrêté, en 1802, comme prévenu d'escro-
« querie. Le procès fut instruit; mais la procédure n'ayant établi
« aucune charge contre lui, il fut rendu à la liberté. Il n'échappa
« point, en 1816, à de nouvelles accusations. Elles lui furent plus
« défavorables encore, et il fut condamné par la Cour de Lyon,
« comme coupable de faux en écritures de commerce et en négo-
« ciation d'effets. » (*Biographie nouvelle des Contemporains*,
tom. XII, pag. 14.)
    (2) Le programme de la réunion de l'Institut, sous la présidence
et vice-présidence de MM. Dupont-de-l'Eure, Arago, Garnier-
Pagès, Buchez, Pagnerre, Cormenin, Marrast, proclame avec
nous le même fait en ces termes:
    « Le désordre qui éclate à cette heure dans la société française,
« et celui même qui vient d'ensanglanter Paris, sont l'inévitable

### I. *Preuves tirées des enseignements de la philosophie d'état.*

« *L'enthousiame*, » a enseigné, vingt ans durant, le grand-maître Cousin, ministre de l'instruction publique, chargé de la direction de tous les cours de philosophie de l'état, et de la formation, à l'É-
cole normale, de tous les professeurs, « l'enthou-
« siasme, après avoir entrevu Dieu dans le monde,
« *crée le culte* (ou la religion), et dans le culte, en-
« trevoit Dieu encore. La foi s'attache au symbole ;
« *elle contemple ce qui n'y est pas*, ou du moins ce
« qui n'y est que d'une manière indirecte et détour-
« née ; c'est là précisément la *grandeur* de la foi
« ( c'est-à-dire son imbécillité), de reconnaître Dieu
« dans ce qui, visiblement, ne le contient pas. Mais
« l'enthousiasme et la foi ne sont pas, ne peuvent
« pas être les derniers degrés du développement de

« héritage d'un passé dont la république n'est pas responsable,
« mais qu'elle s'efforcera de guérir. »

« Ne nous y trompons pas, N. T. C. F. , écrivait aussi naguère aux églises de son diocèse le vénérable Cardinal évêque d'Arras, ne nous y trompons pas, la cause de ces guerres civiles, ce sont nos crimes, nos désordres, et la répudiation de toute croyance ; ce sont les fruits funestes de cette éducation sans principes de morale, sans foi aucune, à laquelle on assujettissait notre trop infortunée jeunesse ; ce sont toutes les utopies de déraison , tous les plans de ré-
génération sociale, inventions du délire, suscitées par le désir de bri-
ser, de détruire, s'il eût été possible, la religion de nos pères, pour ne nous faire appliquer désormais qu'à la pensée désastreuse et dé-
solante du néant. » (*Mandement demandant des prières pour les morts des journées de juin.*)

« l'intelligence humaine. En présence du symbole,
« l'homme, après avoir adoré (par hypocrisie ou
« niaiserie sans doute), éprouve le besoin de s'en
« rendre compte. Se rendre compte, Messieurs, se
« rendre compte, c'est une parole bien grave que
« je prononce. A quelle condition, en effet, se rend-
« on compte? à une seule : c'est de décomposer ce
« dont on veut se rendre compte ; c'est de le trans-
« former en pures conceptions, que l'esprit examine
« ensuite, et sur la vérité ou la fausseté desquelles
« il prononce. »

« Ainsi, à l'enthousiasme et à la foi succède la
« réflexion ; or, si l'enthousiasme et la foi ont pour
« langue naturelle la poésie ( ou le symbole et les
« fictions), et s'exhalent en hymnes, la réflexion a
« pour instrument la dialectique, et nous voilà,
« Messieurs, dans un tout autre monde que celui
« du symbolisme et du culte. Le jour où un homme
« a réfléchi, ce jour-là, la philosophie a été
« créée... »

« *La philosophie est donc la lumière de toutes les*
« *lumières, l'autorité des autorités, l'unique autorité.*
« En effet, ceux qui veulent imposer à la philosophie
« et à la pensée une autorité supérieure, ne songent
« pas que, de deux choses l'une, ou la pensée ne com-
« prend pas cette autorité, et alors cette autorité
« est pour elle comme si elle n'était pas, ou elle la
« comprend, s'en fait une idée et l'accepte à ce ti-
« tre, et alors c'est elle-même qu'elle prend pour
« mesure, pour règle, POUR AUTORITÉ DERNIÈRE, »

pour Dieu, par conséquent, si toutefois elle en admet.

« L'auteur de toute inspiration, c'est la raison....
« Elle a pour caractère *l'enthousiasme*.... L'inspira-
« tion, *l'enthousiasme est une révélation véritable.*
« Voilà pourquoi, dans le berceau de la civilisation,
« celui qui possède à un plus haut degré le don
« merveilleux de l'inspiration, passe à leurs yeux
« pour le confident et l'interprète de Dieu.... Voilà
« l'origine sacrée des PROPHÈTES, DES PONTIFICATS,
« DES CULTES.... La forme nécessaire, la langue de
« l'inspiration est la poésie. » ( *Cours de l'histoire de
la philosophie. Introduction.* 1$^{re}$ *et* 4$^e$ *leçon.* )

« Dans la première manifestation de la vérité, il
« fut naturel aux hommes *de se faire illusion, et*
« *d'imaginer que quelque inspiration d'en haut était*
« *descendue en eux et la leur avait révélée.* Que s'ils
« ne le crurent pas, l'enthousiasme du peuple le
« crut et dut le croire; et quand quelques généra-
« tions furent passées, les circonstances qui avaient
« pu paraître *humaines* dans l'événement, *devinrent*
« *divines comme le reste....* »

« Que si vous tenez compte de l'exaltation des
« hommes qui découvrirent ces solutions, de l'i-
« magination naturellement poétique et du langage
« nécessairement figuré des nations primitives, en-
« fin du penchant au merveilleux, qui est le propre
« de toutes les peuplades perdues au sein de la na-
« ture,... vous concevrez que si la foi dut être le
« caractère des croyances primitives, le *mythe et*

« *la figure durent être la forme des premiers dog-*
« *mes.* Tels sont, en effet, les deux caractères des
« antiques solutions du problème de la destinée
« humaine, et *de toutes celles qui, dans la suite des*
« *temps,* sont sorties spontanément, comme elles, du
« sens commun des masses. *Tels sont,* en d'autres
« termes et avec la différence du plus au moins,
« les caractères *de toute religion...* » ( Jouffroy, premier disciple de M. Cousin, et avec lui chargé, à
l'École normale, de la formation de tous les professeurs de France. Ses cours imprimés par lui-même
sous le titre de *Mélanges philosophiques : du pro-*
*blème de la destinée humaine,* page 429 *et suiv.*)

« On ne croit que ce qu'on voit, ou ce qu'on sup-
« pose vu par autrui, » dit à son tour le second disciple de M. Cousin, chargé aussi de la direction
et de l'enseignement de tous les professeurs à l'É-
cole normale. « La science seule fait la foi, qu'elle
« soit intime ou personnelle, ou qu'elle réside dans
« un témoin.... »

« Les idées et les croyances ne s'imposent pas
« aujourd'hui, elles se démontrent. Il n'y aura pas
« d'exception pour les idées et les croyances reli-
« gieuses.... *L'enseignement des sciences physiques*
» *et morales, voilà la vraie prédication qui con-*
« *vient* en ce siècle. » (Damiron, *Cours de philosophie,*
tom. I. pag. 56 et suiv. et *Essai sur l'histoire de la*
*philosophie en France,* au XIX^e siècle, 3^e édit. pag.
241 et suiv. )

Citons encore quelques passages des leçons de

leurs principaux disciples, professeurs dans les pre·
mières chaires des grandes villes; à Lyon M. Bouil-
lier : « Je crois à la légitimité, à la *souveraineté*, à
« l'infaillibilité de la raison. » (*Cours de philosophie
de* 1840.) Et dans la *Théorie de Kant*, qu'il appelle
le *Catéchisme* ADMIRABLE, livre composé en compagnie de M. Lortet, son ami et le représentant des
communistes de la Croix-Rousse et du Rhône, catéchisme répandu de toutes parts parmi les ouvriers,
et où toutes les croyances et toutes les pratiques du
christianisme sont attaquées: « *L'hiérarchie* sacer-
« dotale (d'autres auraient dit la hiérarchie), gou-
« vernement d'un culte faux rendu à Dieu, est la
« constitution d'une Église dans laquelle le féti-
« chisme est exercé et reçu comme une religion.
« Certaines formes de l'Église présentent en effet un
« fétichisme si varié et si mécanique, qu'il semble
« devoir écarter toute moralité, même toute reli-
« gion, et se rapprocher beaucoup du paganisme....
« Quant à sa constitution, elle est et reste toujours
« despotique. » ( page 82. )

A Paris, M. Jules Suisse, dit Simon, professeur
à la Sorbonne et à l'École normale : «Dieu, qui nous
« a faits raisonnables et libres, a mis en nous la rai-
« son pour être *le dernier juge de nos croyances et
« de nos actions*,» du dogme et de la morale, et des
gouvernements par conséquent. (*Revue des deux
mondes*, tom. XXVII, pag. 542.)

A Toulouse, M. Gatien-Arnoult, professeur de
·philosophie : « La foi à l'enseignement catholique

« *n'est qu'une raison aveugle*, *ignorante*, *embarras-*
« *sée....* C'est toujours à la raison qu'il appartient
« de juger *en dernier ressort.* Dans l'alliance de la
« foi et de la raison, la foi n'est que témoin et la
« raison est juge...., » (*Doctrine philosophique*, pag.
422 et 423.)

A Marseille, M. Lafaiste, professeur de philosophie au collége, puis à la Faculté d'Aix : « La reli-
« gion est devenue impuissante à régler les mœurs
« et les croyances de la société : il faut donc que la
« philosophie vienne à son tour exercer, au nom de
« la raison et du libre examen, un empire qui
« échappe à l'autorité et à la foi. » (*Son cours*, dicté
à ses élèves et cité par *la Gazette du midi* et *l'Uni-*
*vers*, n° 893.)

A Bordeaux, M. Bersot, disciple chéri de M. Cousin, à l'indépendance philosophique de qui furent
impitoyablement immolés deux proviseurs et un
recteur : « On me demande une profession de foi :
« je réponds que je n'en ai point à faire, et que *per-*
« *sonne n'a le droit de m'en imposer une.* » ( Lettre
publiée par l'*Indicateur*, 1839.)

A Rouen, M. Mallet, professeur de philosophie
et auteur d'un manuel approuvé pour tous les colléges, comme préparation au baccalauréat : « A
« l'heure qu'il est, il ne reste plus à l'éclectisme
« (souveraineté de la raison, philosophie de M. Cou-
« sin), d'autre ennemi que le sensualisme exclusif et
« le théocratisme fanatique, mais l'un et l'autre peu
« redoutables et comme frappés d'impuissance....Le

« mysticisme (la religion), n'amènera pas aisément
« l'époque actuelle à *abdiquer* aux mains de l'auto-
« rité théocratique, l'indépendance de sa pensée....»
( *Manuel*, pag. 4, 223 et 238.)

A Douai, M. Charma, professeur à la Faculté :
« Je ne suis pas tenu de reconnaître dans le chris-
« tianisme mon seigneur suzerain. » (*Essai sur les
bases et les développements de la* MORALITÉ, pag. 403.)

A Grenoble et à Cahors, M. Patrice Laroque,
professeur de philosophie, puis recteur : « Quand
« la théologie chrétienne donne sur quelque grande
« question une solution opposée à la raison, je n'ai
« pas pris l'engagement d'étouffer la voix de ma
« conscience. » ( *Cours de philosophie*, pag. 297.)
C'est le même qui, dans une lettre publique, faisait
gloire de penser comme Strauss, et de ne voir dans
Jésus-Christ, le fondateur même du christianisme,
qu'un mythe.

II. *Preuves tirées des enseignements de l'histoire
d'état.*

Après les philosophes, viennent, proclamant les
mêmes doctrines, les professeurs d'histoire, conduits
par le plus célèbre des grands-maîtres et le plus
hypocritement hostile à toute religion révélée.

« Il n'y a point, » a enseigné M. Guizot, « de gou-
« vernement spirituel, visible, constitué, récla-
« mant et exerçant le droit de dicter les opinions....
« Tel est à peu près aujourd'hui l'état du monde....

« C'est par le développement naturel de l'ambi-
« tion, de l'orgueil humain, que l'Église a tenté
« d'établir l'indépendance du pouvoir spirituel....
« Deux mauvais principes, dans elle, nuisent au
« respect des libertés légitimes : le premier, c'est la
« dénégation des droits de la raison individuelle...;
« le second, c'est le droit de coaction qu'elle s'ar-
« roge.... Son clergé favorisa le despotisme ; il con-
« sacra des principes généraux à cette cause, et dé-
« duisit du droit divin la ruine de tous les droits. »
Absurdité communiste ! comme s'il était possible
d'établir un droit quelconque qui ne fût une conséquence du droit divin, et que la négation des
droits de Dieu ne fût pas la négation et la destruction radicale de tous les autres droits.

« Dans les premiers temps, tout à fait dans les
« premiers temps, la société chrétienne se présente
« comme une pure association de croyances et de
« sentiments communs ; les premiers chrétiens se
« réunissent pour jouir ensemble des mêmes émo-
« tions, des mêmes convictions religieuses. On n'y
« trouve aucun *système de doctrine arrêté*, aucun
« ensemble de règles, de discipline, aucun corps de
« magistrats. »

« Comment s'est accomplie la transition du gou-
« vernement partagé par les fidèles au gouverne-
« ment du clergé seul ?.... On a fait, dans cette ré-
« volution, Messieurs, une large part à l'ambition
« du clergé, aux intérêts personnels, aux passions
« humaines. *Je ne prétends pas la réduire ; il est*

« *vrai*, toutes ces causes ont contribué au résultat
« qui nous occupe, et pourtant, s'il n'y avait eu que
« de telles causes, c'est-à-dire, des *causes illégitimes*,
« jamais ce résultat ne serait arrivé.... »

« C'est, je crois, un principe certain et mainte-
« nant établi dans un grand nombre d'esprits, que
« la participation au pouvoir suppose *la capacité*
« *morale de l'exercer.* Où la capacité manque réel-
« lement, la participation au pouvoir périt naturel-
« lement. Le droit continue de résider virtuelle-
« ment dans la nature humaine ; mais il sommeille,
« ou plutôt il n'existe qu'en germe, attendant que
« la capacité se développe, pour se développer avec
« elle et paraître au jour. Or, c'est là, Messieurs,
« quand on a fait la part de toutes les passions hu-
« maines, de tous les intérêts personnels, c'est là
« la véritable cause qui a fait passer la société reli-
« gieuse sous l'empire de la société ecclésiastique,
« qui a exclu du pouvoir les fidèles, pour le livrer
« au clergé.... »

N'est-ce pas là, et dans toute son étendue, le
grand principe du saint-simonisme ?

« Le fait caractéristique, il faut le dire, le *vice*
« *radical* des relations de l'Église avec les peuples,
« c'est la séparation des gouvernants et des gouver-
« nés, l'indépendance du clergé chrétien à l'égard
« des fidèles.... Il y a, dans la nature même de la
« société religieuse, une forte pente à élever les
« gouvernants fort au-dessus des gouvernés, à
« attribuer aux gouvernants quelque chose de

« distinct, de divin. Un tel effet cependant est plus
« fâcheux dans la société religieuse que dans toute
« autre.... C'est *une tyrannie, l'emploi illégitime*
« *de la force, un despotisme qui livre les croyants à*
« *un pouvoir étranger, un véritable suicide moral,*
« *une servitude cent fois pire que celle de la glèbe.* »

« Du VI<sup>e</sup> siècle au VIII<sup>e</sup>, le fait général, évident,
« c'est la domination exclusive, et, on peut le dire,
« despotique des évêques.... De cette époque ( VIII<sup>e</sup>
« siècle, Charlemagne), date véritablement la domi-
« nation intellectuelle du pape, source de toutes
« les autres. » ( Guizot, *Histoire de la civilisation
en Europe.* 5<sup>e</sup> leçon. 2<sup>e</sup> leçon. *Civilisation en France.*
tom. 1. 3<sup>e</sup> leçon. *Civilisation en Europe.* 5 et 6<sup>e</sup> leçon.
*Civilisation en France*, tom. 1. 3<sup>e</sup> leçon, tom. 11.
1<sup>re</sup> leçon, pleine d'outrages et d'imputations calomnieuses contre le pape et les évêques ; tom. 111.
27<sup>e</sup> leçon. )

Ce tissu de calomnies, où l'ignorance le dispute
au défaut de logique, et que nous avons relevé dans
le *Monopole destructeur de la religion et des lois,*
l'Évangile et tous les monuments traditionnels et
historiques à la main, a formé, comme il fallait s'y
attendre, le fonds de tous les cours d'histoire de
l'université, à peu d'exceptions près. Nous n'en
rapporterons que quelques témoignages, renvoyant,
pour les autres, à notre grand ouvrage.

« Jésus-Christ, » dit le professeur d'histoire de
Strasbourg, inspecteur-général de tous les colléges
de France, le grand apologiste des gnostiques de

tous les noms, » Jésus-Christ fonda une œuvre
« immense, mais il ne put ou ne voulut point
« l'achever ; il ne put, ni exposer tout son sys-
« tème, ni réunir en association, ou église, ses par-
« tisans épars en plusieurs provinces, dans tous les
« rangs de la société.... On voit bien les diverses
« communautés s'organiser peu à peu, mais aucune
« théorie ne préside à cette organisation. On a ex-
« primé quelquefois le désir que Jésus-Christ eût
« tracé lui-même la constitution de l'Église, comme
« il a tracé son dogme et sa morale. Mais Jésus-
« Christ, qui *n'a donné que les éléments d'un sys-*
« *tème de dogmes et d'un système de morale, sans*
« *vouloir donner ce système,* a bien moins encore
« voulu léguer à ses disciples *une théorie de gou-*
« *vernement.* Les apôtres étaient des envoyés, mais
« ce titre ne leur conférait aucun droit de gouver-
« ner. » ( *Matter. Hist. de l'Église chrétienne,* pag.
61, 126 et suiv. ) Ainsi, les paroles de Jésus-Christ
à saint Pierre : *Paissez mes agneaux, paissez mes*
*brebis,* et celles dites, et à lui seul encore, et aux
autres réunis avec lui : Comme mon Père m'a envoyé, ainsi je vous envoie ; tout ce que vous lierez
ou délierez sur la terre, sera lié ou délié dans le ciel,
et les péchés seront retenus ou remis dans le ciel
à ceux à qui vous les remettrez ou retiendrez sur la
terre, etc. tout cela ne leur donnait aucun pouvoir de gouvernement !... Mais continuons.

« De nos jours, » dit M. Michelet, professeur d'histoire et de morale, et chargé, pendant de longues

années, en compagnie de MM. Cousin, Jouffroy, Damiron, etc., de la formation de tous les professeurs à l'École normale, « de nos jours, les amis de « la liberté se recommandent volontiers du fataliste « Luther. Cela semble bizarre au premier coup « d'œil.... C'est que leurs doctrines, quelque oppo- « sées qu'elles paraissent, se rencontrent toutefois « dans leur principe d'action : la *souveraineté de la* « *raison universelle*, la *résistance au principe tradi-* « *tionnel*, à l'AUTORITÉ... »

« A moitié de l'histoire romaine, je l'ai rencon- « tré vieillissant et affaissé (le catholicisme) ; *je* « *n'ai pas voulu y toucher* (tout le monde connaît « la fureur de ses cours, portée jusqu'à la déraison, « contre la religion catholique, ses dogmes, son sa- « cerdoce et ses institutions), car je me rappelle les « nuits où je veillais une mère malade: *elle souffrait* « *d'être immobile* ; elle demandait qu'on l'aidât à « changer de place, et voulait se retourner. Les « mains filiales hésitaient : comment remuer ces « membres endoloris? *Pauvre vieille mère du monde* « *moderne*, reniée, battue par son fils, ce n'est pas « nous qui voudrions la blesser encore en montrant « ses *plaies. Sa faiblesse, c'est d'avoir voulu satis-* « *faire à la fois les principes contradictoires*.... Elle « a reçu de toutes parts une foule *de croyances lo-* « *cales*; ayant embrassé l'humanité entière, elle « *en a subi les misères et les contradictions* ; elle a « reçu les souillures du monde.... » (*Mémoires de Luther*, introd., pag. 11. et suiv.) Plus haut pour-

tant, on vient de dire que son mal est dans *l'auto-*
*rité*, *l'immobilité et le principe traditionnel.*

« Au IV^e siècle, l'universalité impériale est dé-
« truite, mais l'universalité catholique apparaît. La
« primauté de Rome commence à poindre, confuse
« et obscure.... C'est dans le monde carlovingien
« que l'aristocratie épiscopale échoue ; il faut qu'elle
« s'humilie, et devienne, pour être efficace, la mo-
« narchie papale. » (*Idem. Hist. de France*, tom. I,
pag. 112 et 433.)

« Jusqu'au concile de Sardique, » enseigne M. Des-
michel, professeur, puis recteur de l'académie
de Rouen, dans son *Cours d'histoire* adopté par
le Conseil autrefois royal de l'instruction publique, « le pape, au moins dans la pratique, n'avait
« joui que d'une primauté d'ordre et d'honneur, et
« non de pouvoir et de juridiction. »

« Jean Huss (le communiste dont presque tous
« les professeurs d'histoire de l'université font l'é-
« loge), enseignait que la dignité papale devait son
« origine aux empereurs romains. Il n'y a rien dans
« cette erreur de bien radical. » (François, professeur d'histoire à Lyon, puis doyen de la Faculté.
Son cours de 1840.)

» Dans le 4^e concile œcuménique de Latran, la
« violence et la fraude l'emportèrent sur la justice,
« dans la cause des albigeois, » communistes con-
damnés par le concile, et dont la plupart des professeurs d'histoire chantent également les louanges. (Fauriel, professeur d'histoire à la Sorbonne.

5.

*Revue des deux mondes*, tom. VIII, pag. 453.) Ses cours, intitulés *Histoire de la Gaule méridionale*, sont un tissu d'insultes et de grossières calomnies contre les papes et les plus saints évêques.

« Le christianisme avait élevé immédiatement, » enseigne M. l'ex-diacre Bouchitté, professeur d'histoire au collége de Versailles , président des commissions d'examen des maîtresses d'école, inspecteur maintenant de l'académie de Paris , « le « christianisme avait élevé immédiatement jus- « qu'aux vérités les plus hautes, des esprits que l'é- « puisement et l'afféterie d'une littérature en déca- « dence dégoûtaient de l'étude des lettres , et des « intelligences grossières qu'aucune préparation « antérieure n'y avait disposées, mais que séduisait « une grandeur cachée sous de *mystérieuses for-* « *mules et de poétiques symboles.* Cependant, *cette* « *première expression du christianisme naissant* « *dans les légendes* , à l'aurore de nouveaux empi- « res et d'un monde nouveau, *ne pouvait pas tou-* « *jours satisfaire les esprits*, *et la réflexion tôt ou* « *tard devait se faire jour* ( par l'hérésie) *au sein* « *même du dogme révélé. Ce n'était pas toutefois la* « *réflexion dans toute son indépendance, telle qu'elle* « *avait déjà paru dans* LES HÉRÉSIES ORIENTALES « ( le gnosticisme et l'arianisme), telle qu'elle de- « vait reparaître, quelques siècles plus tard, *dans la* « *réforme et la philosophie.* » ( *Rationalisme chré-* *tien*, pag. 17. )

«Le catholicisme,» enseigne M. Joguet, professeur

d'histoire à Nancy, « n'est qu'un débris. Ce fut ja-
« dis une belle plante qui souriait au soleil et puri-
« fiait l'atmosphère, et maintenant elle jonche la
« terre *desséchée et putride.* » ( *Siècle*, 18 mai 1839.)

« Dans une petite ville de Judée, » dit un cahier
d'histoire, dicté à des élèves de quatrième et de
cinquième, au collége d'Avignon, « il naquit *un Dieu,*
« *ou le plus grand des hommes*; 33 ans après, il
« mourut. Bientôt la première église prit naissance...
« Il ne faudrait pas se faire de l'Église, dans ses com-
« mencements, la même idée *que de l'Église actuelle-*
« *ment établie.* Rien n'était plus saint que la famille
« chrétienne; LA COMMUNAUTÉ DES BIENS *y était éta-*
« *blie* EN PRINCIPE..., » ce qui est complètement faux;
mais ce qui est plus dangereux encore, c'est de
faire consister la sainteté de l'Église dans la communauté des biens; d'où il serait facile à des enfants mêmes de conclure qu'elle n'est plus sainte, et
que c'est dans le communisme qu'il faut la chercher.

Mais en voilà assez pour l'histoire; il faut céder
la place à la littérature.

III. *Preuves tirées des enseignements de la littérature*
*d'état.*

« Le spiritualisme, » enseigne M. le grand-maître
Villemain, ce célèbre professeur de littérature, « naît
« du désespoir ou du dégoût. Alors, comme la vie
« sociale n'offre rien de grand, souvent cette ardeur
« de génie, privilége de quelques hommes, s'em-

« porte et s'égare en *spéculations* mystiques. Ils sont
« enthousiastes du ciel, parce qu'ils ne sont pas
« assez dignement occupés sur la terre ; leur âme,
« incapable d'inaction , prend l'infini pour car-
« rière..., *et le merveilleux et l'incompréhensible*
« (c'est-à-dire, la religion), deviennent pour eux l'or-
« dre naturel et la réalité. »

« Les controverses des anciens Pères n'étaient
« que des problèmes et des *subtilités mystiques* ( la
« divinité et l'humanité de Jésus-Christ, la grâce et
« la liberté ), où ils consumaient leurs talents et
« une force de sagacité qui suffisent aux plus su-
« blimes conceptions ; et il n'est pas besoin *de leurs*
« *prétendus miracles* pour expliquer leur ascen-
« dant. C'est par *les mots mystérieux* que *les peu-*
« *ples se mènent et s'agitent ;* et la morale est une
« chose trop simple et trop vraie pour suffire à ce
« besoin qu'*un génie ardent éprouve de dominer*
« *les âmes et de les subjuguer par sa croyance.* L'in-
« trépide , l'éloquent Athanase a donc souvent
« rempli ses ouvrages d'une *scolastique subtile....*
« Tel qu'un *chef de parti , il ne s'expose que pour*
« *le succès ; il cherche le triomphe et non le mar-*
« *tyre.* » Le célèbre grand-maître traite à peu près
de même tous les Pères de l'Église, que les universitaires prétendent avoir été , au contraire, réhabi-
lités par lui.

« Rome, au IV^e siècle, *cherche à dominer les Égli-*
« *ses ; elle tâche de se rendre l'arbitre des controver-*
« *ses ; et sans égaler la gloire des Églises d'Orient,*

« *elle devait, à la longue, l'emporter sur elles, par*
« *une sorte de prudence temporelle et de ténacité.* »

« Quand un voyageur entre dans Rome, il en-
« trevoit la grandeur de cette domination spiri-
« tuelle, qui est tombée comme la première. » (Ses
cours imprimés par lui-même sous le nom de *Nou-*
*veaux mélanges*, tom. ii, pag. 144, 396, 140, 145,
159, 173, 190, 384, 155, 156, 429.)

« Quand me sera-t-il donné, » enseigne M. Désiré
Nizard, professeur de littérature à l'École normale, et chef de division au ministère de l'instruction publique, « de revenir rêver sur les ruines de
« la cité endormie, sur les débris de deux religions,
« dont l'une est morte, et dont l'autre ne peut re-
« lever ses temples qui tombent....?»

« Combien qui gouvernent avec leurs propres
« moyens, qui sont la superstition et les pratiques
« dévotes!.... Ils font *adorer* la religion sous la figure
« de la superstition. Ici, c'est un tonsuré, de mine
« honnête, sauf les habitudes de l'état..., sérieux
« de bouche, quand il ne l'est pas d'esprit. Là, c'é-
« tait un de ces mille prêtres qui faisaient leur for-
« tune par leur habit, et se poussaient aux hon-
« neurs spirituels pour leurs projets temporels :
« exemple assez commun d'une vie agitée, d'une
« ambition mondaine et d'une ardeur insatiable
« pour les biens de ce monde, *sous la triple robe de*
« *prieur d'abbaye, d'évêque et de cardinal, triple*
« *cilice d'orgueil, d'impureté et de convoitise,* ALORS
COMME DEPUIS. » (*Mélange de littérature,* tom. i, pag.

38 et 39, et 247.) Son *Résumé de l'histoire de la littérature française* est tout entier dans cet esprit sceptique et voltairien, et ces ouvrages sont l'esprit de ses cours.

« Celui qui vous parle, » dit M. Ampère, professeur de littérature étrangère au Collége de France, « est un soldat de cette grande expédition de dé- « couverte, de cette grande armée de conquête qui « s'ébranle et se lève partout, et qui s'avance avec « ardeur vers un but qu'elle aperçoit encore un peu « confusément. Ce but, quel est-il? Nul peut-être ne « le saurait dire, mais les âmes en ont le pressenti- « ment. Entendez de toutes les bouches, de tous les « livres, de toutes les chaires, partir des voix qui ap- « pellent ou promettent un renouvellement *reli- « gieux, moral, social...* Écoutez *l'école née du saint- « simonisme*, et qui a échappé à ses écarts ; écoutez « mes jeunes et illustres collègues, M. Lerminier, « dont l'éloquence nous est en ce lieu si présente; « M. Jouffroy, dont la pensée calme et limpide ré- « fléchit de plus en plus les horizons nouveaux.... « Croyez donc à l'avenir et cherchons ses voies. » ( Discours prononcé dans son cours au Collége de France, *Revue des deux mondes*, 3e série, tom. i, pag. 411, 413 et 424.) Son cours, imprimé sous le nom d'*Histoire de la littérature étrangère*, est également rempli d'impiétés et de diatribes calomnieuses contre les papes, les évêques, et surtout les Pères de l'Église....

« La terre, » enseigne M. Edg. Quinet, professeur

de littérature à Lyon, puis au Collége de France,
« la terre, dans ce dernier ouvrage, immortelle Cy-
« bèle, ne se couronne pas seulement de murail-
« les, mais aussi d'institutions et d'idées aussi im-
« muables que les tours.... La figure des continents,
« des fleuves, des mers et des montagnes, a pres-
« que partout déterminé celle des sociétés, en sorte
« que chaque continent est un moule où la Provi-
« dence jette les races humaines, pour qu'elles y
« prennent la forme éternelle de ses desseins.... Et
« il résulte de là que chaque lieu de la nature, cha-
« que moment de la durée ayant son génie propre,
« représente la Divinité sous une forme particu-
« lière. De chaque forme du monde s'élève une
« révélation.... *Il n'est pas un point égaré dans l'es-
« pace ou le temps, qui ne figure pour quelque chose
« dans la révélation toujours croissante de l'Éter-
« nel..., et la terre enfante véritablement son Dieu
« dans le travail des âges....* » (Ses cours de Lyon,
imprimés par lui-même sous le titre de *Génie des
religions*, pag. 8 et 9, cours fort vantés dans la *Revue
indépendante* de M. Pierre Leroux.)

« La tâche de l'université s'est agrandie dans ces
« temps où la pensée humaine ne reconnaît plus
« d'autorité dominante qui lui commande sans exa-
« men, et où toutes les croyances, toutes les opinions,
« tous les droits ont flotté sur leur base. *C'est à nous
« de gouverner l'incertitude des esprits et de les diri-
« ger.* » (Salvandy. *Discours pour la distribution des
prix de concours*, 1837.) L'aveu est précieux : l'u-

niversité n'attaque donc l'Église, depuis son origine, que pour se mettre à sa place. N'est-ce pas dans la même intention que le communisme attaque la propriété ?

IV. *Preuves tirées de l'enseignement des sciences d'état.*

Nous avons omis les professeurs des sciences, et pour ne pas être accusé de les avoir exclus à dessein de la voie des progrès nouveaux, citons-en seulement, pour mémoire, quelques-uns des plus célèbres.

« Si vous voulez explorer, » dit le professeur de Législation comparée, « les problèmes religieux, « trois chemins s'offrent à vous : la philosophie, « la réforme et le catholicisme. Pour nous, nous « avons fait notre choix, et nous nous en référons « philosophiquement, sur toutes choses, à l'auto- « rité de l'esprit humain. »

« Procurer à l'unité une domination mystique, « voilà le thème des prêtres qui se succédèrent au « Vatican.... Mais tout s'altéra dans l'exécution.... « Le génie, l'audace, la licence, la ruse, l'ambition, « la perfidie, se mêlèrent par d'étranges combinai- « sons, et de grandes comédies furent données au « monde.... »

« Il y a deux siècles, l'aspect du Vatican et de Rome « eût peut-être excité mon indignation ; mais en vi- « sitant, il y a bientôt deux ans, la ville-maîtresse,

« où je cherchais surtout l'antiquité, je n'ai trouvé
« dans mon cœur que de la pitié pour les derniers
« restes de la théocratie romaine, pour cette ago-
« nie qui s'ignore et qui s'exaspère, pour ce sacer-
« doce dégénéré, qui ne se réveille de sa léthargi-
« que mollesse, que dans le désir de maudire, de
« temps à autre, et d'opprimer autour de lui l'intel-
« ligence et la liberté. » (Lerminier. *Revue des deux
mondes*, tom. VII. pag. 738. 3e série. tom. III.
p. 278, et tom. VII. p. 733. Analyse de son cours
faite par lui-même.)

« Cette religion, » enseigne le professeur de Calcul
des probabilités, « cette religion, qui devait si for-
« tement remuer le monde, sortie d'une *écurie de
« Nazareth* (le savant homme!) fut, dès son ori-
« gine, ennemie de la science, car elle voulait ré-
« gner seule sur les esprits. Les canons de l'Église
« préparèrent les ténèbres dans lesquelles se trou-
« vait plongée l'Italie, lorsqu'arrivèrent les Goths,
« qui, selon l'expression d'un historien (l'athée Gib-
« bon), furent moins nuisibles aux lettres que ne le
« fut l'établissement du christianisme. » (Libri-Ba-
gnano, *Histoires des mathématiques*, tom. I, pag.
66 et 73.) Le christianisme avait au moins un précepte qui défendait les bibliothèques contre les
voleurs de manuscrits.

« Sous le point de vue religieux, » dit M. l'ex-saint-
simonien Chevalier, professeur d'Économie politique, « on ne peut guères signaler comme une
« preuve de l'infériorité de la Chine, le fétichisme

« idolâtre des sectateurs de Fo ; car l'Europe catho-
« lique en offre le pendant, par les superstitions et
« les pratiques des basses classes *demeurées croyan-*
« *tes*, par leur dévotion aux reliques, et par leur foi
« aux miracles journaliers des saints. » (*Revue des
deux mondes*, tom. XXIII. p. 210 et 211.) *La revue
des deux mondes* était le répertoire où la plupart
des hauts professeurs parisiens mettaient en meilleur style ce qu'ils débitaient dans leurs cours sur
un ton plus familier.

« Le fils de Joseph et de Marie, dont *on a voulu
« faire un Dieu*, possédait à un degré éminent la
« bosse de la bienveillance, » dit le professeur de
Phrénologie à l'Athénée, le citoyen Voisin. (Cité
par *l'Union catholique*, n° 69.)

« La théologie (la religion catholique), qui con-
« venait peut-être dans l'enfance du monde, n'a
« plus aucun crédit.... Les bonnes, pour faire obéir
« les enfants, leur disent que Croquemitaine va les
« mettre dans son sac, et l'enfant craintif se soumet.
« Les prêtres disaient aux hommes que, s'ils ne pra-
« tiquaient pas la morale religieuse, le bon Dieu
« les livrerait au feu de l'enfer ; et les hommes cré-
« dules obéissaient. Aujourd'hui que le monde at-
« teint sa majorité, il se rit du diable, comme le
« jeune homme de Croquemitaine. Le temps n'est
« plus aux rêves théologiques. » (L'ex-saint-simo-
nien Auguste Comte, *Cours d'astronomie*. Paris,
mairie du 3ᵉ arrondissement, 1842.)

Ainsi, d'après l'enseignement d'état le plus officiel et de toutes les catégories, toute religion positive, et surtout la véritable, la religion catholique, apostolique et romaine, est *une fiction, un mythe, fruit de l'imagination et de l'enthousiasme, une invention convenable à des peuples enfants, une usurpation, fruit de l'orgueil, de l'ambition, du désir de dominer, une servitude pire que la glèbe*, une simplicité d'âme, un anachronisme, une absurdité ennemie de la liberté, et *plus nuisible aux sciences que l'invasion même des Goths, etc.*

Ainsi, *plus d'autorité que celle de la philosophie, plus d'infaillibilité, plus de souveraineté*, plus de règle des pensées, des croyances et des actions, que la *raison de chacun.* Donc, plus de rapports obligatoires entre les hommes; plus de droits, plus de devoirs, que les imaginations, les intérêts et les passions de chacun; donc, plus de mariage, plus de famille, plus de propriété, plus de gouvernement, plus d'autorité paternelle, plus d'autorité de rois, de chambres, de majorité; donc, la seule souveraineté de l'individualisme, ou l'anarchie la plus radicale, la plus large, la plus immorale qui ait jamais été conçue! Voilà l'enseignement d'état, tel qu'il se pratique parmi nous depuis un demi siècle, enseignement forcé, obligatoire, imposé par toutes les forces que les restes de la foi antique et la servitude dans laquelle nous sommes descendus, donnent encore aux gouvernements.

Et ce n'est pas seulement aux hautes classes de la société, aux classes des fonctionnaires, aux clas-

ses bourgeoises, à la jeunesse arrivée à l'âge de ma-
turité, que cet enseignement a été imposé, pour en
faire la plus immorale, la plus violente, la plus
égoïste, la plus despotique des aristocraties, c'est
à l'enfance, c'est aux classes d'adultes-hommes et
d'adultes-femmes, c'est aux hommes et aux enfants
du peuple, c'est à toutes les générations et dès l'âge
le plus tendre qu'on l'a fait descendre ; c'est par
l'effet d'une conspiration, d'un complot (1) contre

(1) Le rationalisme, ou la souveraineté de la raison, est tellement
le but de l'enseignement d'état, qu'en 1844, M. Guizot, voulant
justifier, à la Chambre des pairs, les ordonnances de 1828, et la nécessité de maintenir, dans la loi, la déclaration de n'appartenir à
aucun Ordre religieux, afin d'exclure de l'enseignement les Jésuites, s'exprimait ainsi : « Les Jésuites ont été institués pour *défendre*
« *la foi contre l'examen* (c'est-à-dire, la souveraineté de Dieu
« contre la souveraineté de la raison), l'autorité contre le con-
« trôle..... Ils se sont trompés ; ils ont cru que de là, il ne sortirait
« dans les mœurs que la licence, dans la politique que l'anarchie
« (ou le despotisme, et ils ne se sont pas trompés; les faits parlent
« plus haut que les discours); et voilà que de grandes sociétés se
« sont organisées, consolidées, leur donnant ainsi le plus éclatant
« démenti..... (le monde et M. Guizot peuvent en juger mainte-
« nant.) La société de Jésus reconnaît-elle l'expérience comme ac-
« complie? *Croit-elle* que le libre examen puisse être|, à côté de la
« foi, le contrôle à côté d'une autorité régulière ? *Si elle le croit,*
« *qu'elle vienne parmi nous,* parmi les citoyens, mais comme ci-
« toyens, et les citoyens la recevront au milieu d'eux, l'accueille-
« ront dans leurs rangs pour y vivre de la vie du citoyen, sous *les*
« *auspices de la puissance publique* (enseignante) et des libertés
« individuelles. Mais il y a des raisons de croire que ces hommes
« ne sont pas corrigés par une si longue expérience; qu'ils n'ont
« pas complètement renoncé à leur pensée première, que l'idée du
« contrôle et de l'examen (contre Dieu et son Église), n'est pas
« encore entrée dans leur esprit. Si cela est, le public a raison de

la religion et l'Église, qu'on l'a brutalement imposé. Quelques exemples suffiront pour en convaincre.

**V.** *Preuves tirées des enseignements prescrits, imposés par l'état à toutes les classes de citoyens.*

Parmi les livres prescrits, imposés à tous les colléges, à toutes les institutions sans exception, à toutes les bibliothèques d'écoles normales primaires, ou autorisés pour toutes les écoles, ordonnés pour la distribution de leurs prix, sont les livres suivants, entre cent autres de la même espèce.

*Le Siècle de Louis XIV*, *l'Histoire de Charles XII*, par Voltaire; *Les Révolutions de Suède*, par Vertot, *le Livre d'instruction morale et religieuse*, ou catéchisme de M. Cousin; *le Manuel des écoles primaires*, publié sous la direction de M. Matter; *Entretiens sur la morale de maître Pierre; Institut et mœurs des animaux; Histoire de Napoléon; Les Campagnes d'Italie; l'Histoire de France* de M. de Bonnechose; *les Cahiers historiques* de Burette, etc. etc. etc.

Quelques passages vont en faire connaître l'esprit.

« A peine affermi sur le trône, » dit l'histoire de Charles XII, prescrite, imposée à toutes les clas-

---

« se méfier, et c'est le vrai de la situation. Ma conviction est que,
« s'ils persistent à méconnaître l'expérience, ils se trompent comme
« ils se sont trompés il y a trois cents ans, et ils seront battus comme
« il y a trois cents ans. » (Séance du 9 Mai, *Univers*, 10 Mai 1844.)

ses de 4ᵉ de la France, « Gustave Vasa tenta une
« entreprise plus difficile que des conquêtes. *Les
« véritables* TYRANS de l'état étaient les ÉVÊQUES, qui,
« ayant presque toutes les richesses de la Suède,
« s'en servaient pour opprimer les sujets et pour
« faire la guerre aux rois. Cette puissance était d'au-
« tant plus terrible que *l'ignorance des peuples
« l'avait rendue sacrée.* Il punit la religion catholi-
« que *des attentats* de ses ministres. En moins de
« deux ans, il rendit la Suède luthérienne par la
« supériorité de sa politique , plus encore que
« par autorité. Ayant *ainsi conquis son royaume
« sur les Danois et sur le clergé, il régna heureux
« ET ABSOLU* jusqu'à l'âge de 70 ans, et *mourut plein
« de gloire, laissant sur le trône sa famille* ET SA
« RELIGION. » (Pag. 18. tom. 1. édit. in-18.)

« La cour de Rome, » lit-on plus loin (pag. 106.),
« *qui a toujours songé à augmenter son pouvoir
« temporel à la faveur* du spirituel, avait depuis
« très-longtemps établi en Pologne une espèce de
« juridiction à la tête de laquelle est le nonce du
« pape. Ses ministres n'avaient pas manqué de pro-
« fiter de toutes les conjonctures favorables pour
« étendre leur pouvoir *révéré par la multitude,
« mais toujours contesté* PAR LES PLUS SAGES.... En
« 1728 (à l'aide de la Russie), l'on a retranché ces
« abus qui ne sont jamais réformés que lorsqu'ils
« sont devenus TOUT A FAIT INTOLÉRABLES... » Et pendant que *l'état-Louis-Philippe-Guizot* et compagnie, prescrivait l'enseignement de ces choses

dans toutes les classes de 4ᵉ et toutes les écoles normales primaires, il faisait mettre aux arrêts un professeur d'enseignement supérieur à Aix, pour avoir pris parti en faveur de la Pologne contre la tyrannie russe.

« *L'autorité spirituelle du pape*, » lit-on dans le *Siècle de Louis XIV*, « *toujours un peu mêlée de* « *temporel*, EST DÉTRUITE ET ABHORRÉE DANS LA MOITIÉ « DE LA CHRÉTIENTÉ ; et si, dans l'autre, il est regardé « comme un père, il a des enfants qui lui résistent « quelquefois avec RAISON ET SUCCÈS. La maxime de « la France est de le regarder comme une personne « sacrée, mais entreprenante, à laquelle il faut bai- « ser les pieds *et lier quelquefois les mains....* »

« LA JURIDICTION, cette marque essentielle de la « souveraineté, EST ENCORE DEMEURÉE AU PONTIFE « ROMAIN. La France même, malgré toutes les liber- « tés de l'Église gallicane, souffre que l'on appelle « au pape EN DERNIER RESSORT, *dans quelques* CAU- « SES ECCLÉSIASTIQUES.... » (Chap. II. *de Rome*.)

Dans les chapitres V et IV, la vénération des reliques des saints est appelée une RIDICULE FA- CÉTIE, bonne seulement pour LA CANAILLE ; c'est ainsi que l'aristocrate Arouet de Voltaire appelle le peuple. La prière est appelée une MOMERIE, *une faiblesse, une petitesse indigne, même des femmes fortes* ; la confession, une BÊTISE.

On lit, dans le chapitre XXXVII, ce passage : « LA « RELIGION *peut encore* AIGUISER LES POIGNARDS. Il « y a toujours, dans la nation, UN PEUPLE qui n'a nul

« commerce AVEC LES HONNÊTES GENS, » (c'est ainsi qu'en opposition au peuple, *à la canaille*, Voltaire nomme toujours la *noblesse et la bourgeoisie impie*), « un peuple qui N'EST PAS DU SIÈCLE, QUI EST « INACCESSIBLE AUX PROGRÈS DE LA RAISON, et sur « qui L'AUTORITÉ DU FANATISME CONSERVE SON EM- « PIRE, COMME CERTAINES MALADIES QUI N'ATTAQUENT « QUE LA PLUS VILE POPULACE. »

Enfin, dans le chapitre XXXVIII, on trouve : « Ces disputes (la défense de la religion contre le « protestantisme, le jansénisme, le quiétisme, etc.), « longtemps l'objet de l'attention de la France, « ainsi que beaucoup d'autres *nées de l'oisiveté*, se « sont évanouies ; on s'étonne aujourd'hui qu'elles « aient produit tant d'animosité. L'ESPRIT PHILOSO- « PHIQUE, *qui gagne de jour en jour*, SEMBLE ASSU- « RER LA TRANQUILLITÉ PUBLIQUE, et les FANATIQUES « mêmes qui s'élèvent contre les philosophes, leur « doivent la paix dont ils jouissent et qu'ils cher- « chent à perdre.... » Témoins 93, 1830, et le communisme actuel.

*Les Révolutions de Suède*, prescrites depuis quelques années à toutes les classes de 3ᵉ, à la place du *Siècle de Louis XIV*, transporté en rhétorique et imposé à tous les colléges, afin que personne ne puisse échapper à leur sceptique et irréligieuse influence, sont entièrement écrites comme les deux ouvrages de Voltaire, dans le même esprit d'impiété, de dénigrement et de mépris contre la religion catholique, ses dogmes, ses pratiques, contre la papauté, le sacerdoce et toutes les institutions vraiment populaires du catholicisme. L'éloge y est prodigué, au contraire, au despotisme, à l'aristocratie et à l'impiété. Il est même impossible d'expliquer pourquoi deux ouvrages historiques, et assez médiocrement écrits, sur un petit peuple comme la Suède, ont été imposés à toutes les classes et écoles inférieures de France, à moins qu'on ne remonte à l'idée fixe de l'état *Louis-Philippe-Guizot*, de protestantiser la France, pour l'opprimer plus facilement, et d'y préparer de bonne heure les générations par tout un enseignement classique.

Même esprit dans le *Catéchisme* et l'*Histoire sainte* de M. Cousin, dans les *Campagnes d'Italie*, dans l'*Histoire de Napoléon*, dans les *Cahiers* de Burette, dans l'*Histoire de France* de M. de Bonnechose, autorisés comme livres classiques, ou comme livres de prix, pour toutes les écoles secondaires, populaires et militaires de France. (1)

---

(1) Pour mieux faire comprendre l'esprit de cet enseignement d'état, qu'il suffise d'ajouter que, pendant que l'*Histoire Sainte* et le *Catéchisme* de M. Cousin étaient ainsi exaltés et propagés, le *Nouveau Traité des devoirs envers Dieu*, des Frères de la Doctrine chrétienne, approuvé par l'autorité ecclésiastique, était censuré par le comité laïque, comme plein d'*histoires niaises et bigotes*, et leur *Histoire Sainte*, ainsi que celle *de France*, tout à fait interdites. (Voyez le Rapport fait par M. Boulay de la Meurthe, et imprimé au nom du comité, 1840, pag. 14 et 30.) On lisait, dans le Rapport de l'année suivante (pag. 39.) : « Nous ne termi-
« nerons pas ce qui concerne l'histoire, sans vous prévenir que des
« tentatives sont faites pour introduire, dans les écoles, des ouvra-
« ges historiques, qui, non-seulement ne sont pas *autorisés*,

Donnons encore quelques détails ou quelques citations des principaux de ces livres. Dans l'*Histoire sainte* de M. le grand-maître Cousin, qui est la 1<sup>re</sup> partie du *Livre d'instruction morale ou religieuse*, à l'usage des seules écoles catholiques, beaucoup de passages et de faits essentiels de l'Écriture sainte sont altérés ou retranchés ; on y trouve jusqu'à sept chapitres pris mot pour mot dans un livre d'*Histoire de la Bible*, imprimé huit ans auparavant sous le nom de Boissard, pasteur de l'Église consistoriale de la Confession d'Ausbourg. Tous les passages, dans l'histoire du nouveau testament, établissant la suprématie de saint Pierre, et des papes, ses successeurs, sont retranchés.

Dans la seconde partie composant le catéchisme proprement dit, tous les dogmes sont réduits aux mystères de la Trinité, de l'Incarnation et de la Rédemption, et l'on relègue à une troisième partie, intitulée *du culte*, et le symbole catholique, et les

« mais qui même sont rédigés dans *le plus mauvais esprit.* Il en
« a été saisi deux, cette année, qui ont été examinés par votre
« commission. L'un est écrit dans un sens ENTIÈREMENT ULTRA-
« MONTAIN (c'est-à-dire, *catholique*) : c'est l'*Histoire abrégée de*
« *l'Église,* par Lhomond, édition continuée jusqu'à Léon XII ; et
« l'autre, dans l'*esprit de la plus pure* LÉGITIMITÉ, *au moins en*
« *ce qui concerne les* 50 *dernières années de notre ère,* » c'est-
à-dire que, comme l'*Histoire de France des Frères de la Doctrine
chrétienne,* il blâme, dans la révolution française, ses massacres,
ses spoliations et son impiété. Quand on fait des rapports en faveur
du monopole de l'enseignement, et de l'enseignement de la religion et de la langue française, encore faudrait-il connaître l'une et
savoir parler l'autre.

sacrements, et tout ce qui regarde l'Église et ses lois. On y cherche vainement le culte dû à la Sainte Vierge et aux saints, la Salutation angélique, et tout ce qui regarde la grâce et les peines de l'autre vie. Les définitions du péché originel, du péché mortel, du baptême, y sont essentiellement altérées, et presque tout le reste manque des développements les plus nécessaires. Aussi, dans une instruction préliminaire, l'ex-pair, l'ex-carbonaro, en assurant que son livre peut répandre partout, dans les écoles, UNE RELIGION ÉCLAIRÉE, recommande-t-il aux maîtres de *s'en tenir* à faire apprendre par cœur aux enfants, et à leur faire réciter les réponses dans lesquelles est distribuée *toute* la doctrine chrétienne, selon la forme brève, simple et pleine d'autorité des catéchismes, mais de *développer* et d'appliquer aux divers caractères de leurs élèves et à leurs diverses vocations, *les grandes maximes de la morale chrétienne, qui convient à toutes les créatures humaines, dans toutes les circonstances et toutes les positions.* Nous verrons plus tard pourquoi cette prescription, et comment la partie dogmatique non expliquée s'accorde parfaitement avec le panthéisme de l'auteur et peut lui servir d'introduction, tandis que la morale, interprétée au gré de chaque maître et dénuée de toute sanction, ne peut que venir, à l'aide des passions, s'abîmer dans le matérialisme et le communisme fataliste.

Or, le comité central d'instruction primaire de Paris ne s'est pas contenté de recommander et d'adopter *très-particulièrement*, pour toutes les écoles de sa juridiction, le *Livre d'instruction morale et religieuse* de M. Cousin, comme avait fait M. le grand-maître Guizot, qui l'avait autorisé et envoyé à toutes les écoles communales de France; il l'a placé encore dans le catalogue général des ouvrages qui *doivent* être donnés en prix, et hors duquel il n'est permis à aucune autorité ni à aucun maître d'en choisir, et il l'a placé le premier de tous, à la tête des *livres de religion*, avant même *l'Imitation de Jésus-Christ*, et la *Doctrine chrétienne* de Lhomond. Dans l'approbation imprimée à droite du catalogue, et répondant à ce livre, on lit: *Pour les écoles de garçons, d'hommes, de filles et de femmes;* tandis que *l'Instruction pour la première Communion et pour la Confirmation* (qu'on remarque bien ceci), n'est approuvée que pour les filles et les femmes; l'*Explication de la messe*, pour les filles, les femmes et les jeunes garçons, ainsi que la *Doctrine chrétienne; et la Journée du chrétien, la Quinzaine de pâques, les Visites au Saint-Sacrement*, seulement pour les petites filles. (1) (*Rapport du comité central de l'instruction primaire, à Paris, et catalogue à la fin. Année* 1840 *et* 1841.)

(1) Nous avons lu quelque part, dans un journal, que l'état Louis-Philippe-Guizot faisait distribuer, aux frais des contribuables, 45 mille exemplaires par an du livre d'*Instruction morale et religieuse* de M. Cousin, avec 25 cent. de bénéfice pour l'auteur, sans compter ceux qui étaient achetés par les particuliers. Et qu'on vienne nous dire encore qu'il n'y avait pas sous l'état Louis-Philippe-Guizot, un complot arrêté de décatholiciser la France!

Dans le même catalogue de livres expressément prescrits pour la distribution des prix des écoles du peuple, on rencontre, entre plusieurs livres du même genre, les *Entretiens sur la morale de maître Pierre*, où on lit, comme résumant assez bien tout ce livre composé par un haut professeur : « Une tâche importante est accomplie ; la *conscience*, « *éclairée par la réflexion*, nous a fait connaître la « nature de l'homme : sensible, intelligent et libre, « sa loi est de tendre au bien. *Ce bien nécessaire*, « *universel, absolu*, NOUS EST RÉVÉLÉ PAR LA RAISON : « VOILA LE PRINCIPE DE TOUS NOS DEVOIRS. Je ne con- « nais au monde *rien de plus sûr, de plus indestruc-* « *tible* que ces *hautes vérités devant lesquelles le* « *genre humain a toujours été à genoux.* Les for- « mes extérieures des sociétés changent et se re- « nouvellent ; les institutions civiles et politiques « s'altèrent ou se corrigent ; *les cultes se corrom-* « *pent ou s'épurent ;* mais les principes essentiels « de la morale (révélés par la raison), restent im- « muables au milieu de ces perpétuelles révolu- « tions.... (pag. 66.) » Le but de tout l'ouvrage est d'établir une morale sans religion, et l'on fait, dans les entretiens qui le composent et qui sont dirigés par un maître laïque, intervenir un curé, comme pour sanctionner cette œuvre absurde et impie.

« *La raison*, » dit également le *Manuel des écoles primaires* de M. l'inspecteur Matter, « *est la loi sou-* « *veraine dans l'homme*, et *la sensibilité*, *le prin-* « *cipe des sentiments* ET LA RÈGLE DE LA MORALE.

« *Tout ce qui* FLATTE NOS INSTINCTS *physiques et satis-*
« *fait nos appétits naturels, est bien; ce* QUI LES CON-
« TRARIE EST MAUVAIS.... Les meilleures écoles sont
« celles de l'Écosse, de la Hollande, de la Suisse et
« de l'Allemagne, » c'est-à-dire, les écoles protes-
tantes. (pag. 48. 45 et 47.)

Enfin, dans le *Cours de cinquième* (histoire), de
M. Burette, on lit que « *Jéhova* (ou Dieu), n'était
« (chez les Juifs), que *l'expression sublime de la pa-*
« *trie*; et que, dans le vaste plan de Moïse, *la cité de*
« *Dieu* n'était pas distincte de la cité terrestre. »
(pag. 116.) etc. etc. etc.

Mais voici une preuve de l'esprit de l'enseignement d'état plus frappante que toutes les autres, si
effrayante pour des cœurs catholiques, qu'il la faut
lire deux fois dans le rapport 1840-1841 du comité
central de Paris, pour s'assurer qu'il n'y a pas illusion.

« *L'instruction morale et religieuse est donnée*, »
dit-il (pag. 66.), en parlant de la première école
primaire supérieure de la ville de Paris, « par un
« ecclésiastique, conformément aux vues du comité
« central. Nous mettons sous vos yeux le sommaire
« des leçons qui ont été faites. Elles constituent un
« cours complet de morale, un exposé de tout ce
« qui est devoir envers Dieu , envers les autres
« et envers soi-même. Les belles paroles des grands
« hommes de tous les temps , même *quand ils s'ap-*
« *pellent Caton et Rousseau* (deux suicides), sont
« rapportées, commentées, présentées comme *ob-*
« *jets* D'ADMIRATION *et comme* RÈGLES. Cet enseigne-

« ment est donné avec une mesure telle, que, bien
« que ce soit par un *prêtre catholique, les élèves qui*
« *appartiennent aux autres cultes, peuvent,* SANS
« INCONVÉNIENT POUR LEUR FOI, ASSISTER AUX
« LEÇONS.... » Cet enseignement est par conséquent
déiste et rationaliste.

Le mal a donc tout envahi, propagé par l'état, par
l'enseignement de l'état, du haut en bas de l'échelle
sociale, et il a été impossible qu'il en fût autrement. Posé le principe de la suppression de toute
religion d'état, et par une contradiction inconce-
vable, un enseignement d'état comprenant toutes
les branches d'instruction, la philosophie, l'histoire, et même l'instruction morale et religieuse,
on ne peut aboutir qu'à l'anarchie intellectuelle et
morale la plus monstrueuse, ou, ce qui est la même
chose, comme nous allons le voir de plus en plus,
à la plus radicale, la plus universelle impiété: la
négation de Dieu même, et la souveraineté ou déi-
fication de la raison individuelle. Dans l'un et l'autre cas, c'est la destruction de tous les liens de famille et de société; c'est le levier démolisseur in-
troduit dans les fondements de la propriété; c'est
la force brutale, ou le communisme; et à peine le
grand-maître Cousin eut-il proclamé, au nom de
l'enseignement d'état, que le *Catholicisme n'en avait*
*plus que pour trois cents ans dans le ventre* (1); à

(1) Les professeurs de philosophie de Paris s'efforcent actuelle-
ment, dans une revue, de hâter ce moment suprême, par leurs
attaques incessantes contre le clergé et l'Église catholique.

peine l'inspecteur Dubois eut-il annoncé, en conséquence, *les funérailles d'un grand culte*, que le logicien Proudhon proclama à son tour que *la propriété aurait le sort du christianisme ; que celui-ci s'usant, elle s'userait ; qu'elle n'avait plus qu'une certaine durée*, TROIS CENTS ANS PEUT-ÊTRE. (Citation de *l'Ami de la Religion*, 18 juillet 1848.)

UN BOURGEOIS , OFFICIER *de la Garde nationale , grand partisan de l'enseignement d'état.*

Eh bien , Michel ? qu'est-ce qu'on vient de me dire ? tu es communiste ? toi, mon ami, communiste ! je n'en peux revenir.

LE MAÇON.

Comment faire autrement ? c'est mon intérêt ; c'est la conviction de ma raison, et ma raison n'est-elle pas souveraine ?

LE BOURGEOIS , OFFICIER.

J'en conviens. Cependant, l'ordre social avant tout.

LE MAÇON.

Quel ordre social ? l'ordre qui donne tout aux uns et rien aux autres ; qui enlève aux pauvres ouvriers, par les octrois, les impôts et les corvées de tout genre, le peu qu'ils ont ou qu'ils gagnent, pour entretenir des académies, des colléges, des théâtres, des comédiennes, qui ne nous servent de rien; ou créer des places de toutes sortes, à gros traitements, pour vous et les vôtres? Ma raison me dit que ce n'est pas de l'ordre, ça, mais un effroyable désordre, et que, pour y remédier, il est nécessaire que nous autres, ouvriers et pauvres gens, nous mettions la main dessus, et partagions, ou de gré ou de force, et les biens et les plaisirs.

### LE BOURGEOIS, OFFICIER.

Mais les choses ont toujours été ainsi; et quand vous aurez nos biens, nous ou d'autres viendrons vous rendre la pareille.

### LE MAÇON.

Les nobles en disaient autant, sous l'ancien régime. Pourquoi avons-nous donc fait tant de révolutions? Les bourgeois ont pris la place des nobles, et les choses sont allées de mal en pire; c'est à nous maintenant à prendre la place des bourgeois.

### LE BOURGEOIS, OFFICIER.

Cependant, la religion, la conscience....

### LE MAÇON.

Est-ce que vous y croyez, vous autres, à la religion et à la conscience? Par exemple, on vous voit souvent à la messe et au sermon! Vous croyez à votre raison, et moi, je crois à la mienne. Autrefois, quand j'étais jeune, je ne dis pas: je croyais

6.

à la religion de mon père et de ma mère (les braves gens! Dieu ait leur âme!); oui, je croyais à la religion catholique et à ses commandements: pardienne! c'était Dieu alors qui commandait.... Mais depuis que vous-mêmes m'avez envoyé à la classe d'adultes et aux cours de la mairie, dirigés par votre comité central, je ne sais que trop à quoi m'en tenir! Dieu n'a jamais parlé aux hommes, et tout ce qu'en disent les curés et la théologie, comme parlait M. le professeur d'astronomie, sont des bêtises, des inventions pour faire peur au pauvre monde, et lui gripper ses sous, d'accord avec Charles X et les nobles. Voilà pourquoi, comme vous me l'avez dit vous-même, l'état ne veut plus que les Jésuites et les curés aient l'instruction.

#### LE BOURGEOIS, OFFICIER.

Mais la morale, Michel, la morale!...

#### LE MAÇON.

Oh bah! Monsieur, la morale, c'est de bien boire et de bien manger, suivre ses appétits naturels, avoir beaucoup de femmes et peu d'enfants; mais tout cela demande de l'argent, et quand on n'en a pas, il faut en chercher où il y en a : voilà ce que maintenant me disent, à moi. ma raison et ma conscience.

#### LE BOURGEOIS, OFFICIER.

Mais tu comprends bien, Michel, que, par les

mêmes raisons, nous nous défendrons, et que voilà la guerre civile, où vous serez battus, comme au mois de juin.

### LE MAÇON.

Battus! c'est ce que nous verrons. Au mois de juin, il en est plus tombé de votre côté que du nôtre. Mais pourquoi ne voulez-vous pas que nous en croyions à notre raison, comme vous en croyez à la vôtre? N'est-elle plus la première, la grande, l'unique autorité? Trois ans durant, on nous l'a répété à la mutuelle des adultes; cinq ans depuis, je l'ai lu dans les livres et les chansons que vous me prêtiez, et dans les livres d'école de mes moutards; et n'est-ce pas une abomination que l'état nous mette dans la tête une chose, et qu'il nous fasse fusiller, quand cette chose descend de la tête à notre main, et que nous y croyons et voulons la mettre en pratique? L'enseignement des prêtres n'était pas comme ça. Est-ce que vous, et toute votre boutique de maîtres d'écoles et de colléges, vos inspecteurs et recteurs, n'auriez pris leur place que pour nous exploiter à votre profit? Est-ce que vous enseignez, pour que nous en croyions à votre raison au détriment de la nôtre, et que nous nous prosternions devant vous et vos opinions, comme si vous étiez des dieux? Il faudra bien finir par le croire.

### LE BOURGEOIS, OFFICIER.

*Canaille!* je te ferai empoigner.

### LE MAÇON.

*Honnêtes gens !* vous pouvez venir, vous serez bien reçus. C'est donc de la force à la gendarme , de la force brutale que vous voulez ? On s'en souviendra.....

> Aux armes, citoyens ! formez vos bataillons.
>     Tuons·, brûlons,
>   Au plus adroit,
>   Au plus brutal, et terres et maisons !

Et les haines et les appétits cupides fermentaient; d'horribles représailles se préparaient; et les nuages, amoncelés à l'horizon, grossissant, s'allongeant, s'épaississant, voilant toutes les lumières du jour, annonçaient une effroyable tempête :

## C'ÉTAIT LE COMMUNISME !

Et la logique disait à l'enseignement d'état :

## IL A RAISON !

## VI.

# CINQUIÈME CAUSE DOCTRINALE DU COMMUNISME, RÉUNISSANT TOUTES LES AUTRES.

*L'enseignement d'état, ou le Monopole univer-
sitaire. — Suite : Panthéisme et
Matérialisme.*

> *Si mutavit gens deos suos, et certe ipsi non
> sunt dii; populus vero meus mutavit glo-
> riam suam in idolum.*
>
> **La gentilité a-t-elle changé ses dieux, et
> certes, ses dieux n'étaient pas des dieux ?
> Mais mon peuple a troqué sa gloire con-
> tre une idole.** (*Jérémie, ch.* 2, *v.* 11.)

De la souveraineté de la raison humaine à l'a-
théisme ou au panthéisme, au matérialisme et à
toutes les erreurs anti-sociales qu'ils enfantent, il
n'y a qu'un pas, et l'enseignement d'état l'a fait
sans hésiter et dès le commencement. Voici comment un de ses grands-maîtres les formulait, dans
le *Cours d'histoire de la philosophie* et dans la préface de la première édition des *Fragments :*

« Le genre humain croit à la raison, et il ne peut
« pas ne pas y croire, à cette raison qui apparaît
« dans la conscience en rapport momentané avec

« le moi, reflet pur encore, quoique affaibli, de
« cette lumière primitive *qui découle du sein même*
« *de la substance éternelle...* La raison est donc, à la
« lettre, une révélation, une *révélation nécessaire et*
« *universelle*, qui n'a manqué à aucun homme, et
« a éclairé tout homme à sa venue en ce monde.
« La raison est *le médiateur nécessaire entre Dieu*
« *et l'homme*, ce *logos* de Pythagore et de Platon;
« ce Verbe *fait chair, qui sert d'interprète* à Dieu et
« de *précepteur* à l'homme, HOMME A LA FOIS ET
« DIEU TOUT ENSEMBLE. Ce n'est pas sans doute le
« Dieu absolu dans sa majestueuse indivisibilité,
« mais sa manifestation en esprit et en vérité; ce
« n'est pas l'être des êtres, mais c'est *le Dieu du*
« *genre humain.* » ( *Cours d'histoire de la philoso-*
*phie* , pag. 54 et 55, et *Fragments*, tom. 1, pag. 78.)

« Donc, notre intelligence, ou plutôt celle qui
« fait son apparition en nous, est un fragment de
« la raison universelle, absolue, infaillible, de la
« raison éternelle. » (*Cours de l'hist. de la philoso-*
*phie* , 5e leç. pag. 12.)

Ailleurs, dans l'Introduction à l'histoire de la
philosophie, page 27 et 28, après avoir affirmé que
Dieu n'avait pu tirer l'univers du néant, le grand-
maître de la philosophie d'état se résume ainsi:
« Dieu, s'il est une cause, peut créer; et s'il est une
« cause absolue, il ne peut pas ne pas créer; et en
« créant l'univers, *il ne le tire pas du néant, il le tire*
« *de lui-même*. Il y a plus, *Dieu crée avec lui-même;*
« *il crée avec tous les caractères que nous lui avons*

« *reconnus, et qui passent nécessairement dans ses*
« *créations.* » Or, comme notre raison n'est pas la
seule création de ce monde ; que l'homme n'est
pas seulement composé d'une intelligence, mais
d'une volonté et d'un corps, et que, dans cette volonté et ce corps, sont des penchants de toutes sortes ; que, dans l'univers, il y a des créations multipliées à l'infini, depuis l'hysope de la vallée jusqu'au cèdre du Liban, depuis le serpent qui ram-
pe, le tigre qui rugit, jusqu'à l'aigle qui plane au
haut des cieux ; la raison humaine ne *découle* donc
pas seule de Dieu, n'est donc pas seule tirée de
lui-même, mais notre volonté, notre corps et ses
penchants, les plantes, les animaux, aussi bien que
l'eau du ruisseau et la pierre de la montagne,
sont une émanation de son être. Tout est donc tiré
de Dieu, partie et fragment de Dieu, possédant
*tous les caractères de la Divinité, qui passent né-*
*cessairement dans ses créations.*

Donc, plus d'autre règle pour l'homme que ses
passions et ses appétits, puisqu'ils sont divins ;
donc, toutes ses pensées, tous ses systèmes, toutes
ses imaginations, tous ses enseignements, étant de
la même nature, sont infaillibles et nécessaires ;
donc, plus de lois, plus d'autorité quelconque. A
des DIEUX, de quoi serviraient-elles ? A une RAISON-
DIEU, qui a le droit d'en imposer ?

Aussi la philosophie de l'état n'a-t-elle reculé
devant aucune de ces conséquences ; et voici la profession de foi sur Dieu, dictée par elle à tous les

professeurs : « Mon Dieu n'est pas *l'abstraction de*
« *l'unité absolue, le Dieu mort de la scolastique*
« (religion catholique); mon Dieu, le Dieu de la
« conscience, n'est pas un roi solitaire relégué par
« la création sur le trône d'une éternité silencieuse,
« et *d'une existence absolue qui ressemble au néant*
« *même...*; c'est un Dieu qui est tout à la fois *Dieu,*
« *nature, humanité.* » (*Fragm. de philos.* 3ᵉ édit.
*préf.* pag. 20 et 76.)

M. Damiron, second disciple de M. Cousin,
deuxième directeur et professeur de la philosophie
d'état à l'École normale, explique plus clairement
encore l'égale divinité des corps, et des âmes, et de
tout ce qui existe :

« La matière venue de rien, cela ne se peut; ve-
« nue de l'âme, comment cela se peut-il? Le système
« qui nous occupe (celui du maître, et que le disciple
« déclare de son goût), n'éprouve point d'embar-
« ras pour répondre à cette question : *il assimile*
« *entre eux le corps et l'esprit, leur prête même*
« *nature,* ne les distingue qu'en degrés, et de la sorte,
« explique sans peine le rapport de la filiation du
« créé et de l'incréé : *l'homme et le monde sont*
« *de même* souche, et Dieu, leur père commun,
« n'a fait, en leur donnant l'être, *que mettre sous*
« *des formes diversifiées* son infinie activité. »
( *Cours de philos.* pag. 437. )

Et ailleurs, copiant son maître, il répète mot
pour mot, comme résumé de tous ses enseignements
sur l'homme, la théorie des gnostiques communistes

loués par M. Matter : « Toute science n'est que ré-
« miniscence. S'il en est ainsi, il faut que nous ayons
« su, avant cette vie ; il faut donc que l'âme ait existé
« avant cette forme humaine.... Mais il faut percer
« les enveloppes, pour entrevoir *les hautes vérités*
« qui sont dessous. La théorie de la science, consi-
« dérée comme réminiscence, ne nous enseigne-t-elle
« pas que la puissance actuelle (ou Dieu), prise sub-
« stantiellement et avant de se manifester sous la
« forme de l'âme humaine, contient déjà en elle, ou
« plutôt est elle-même le type primitif et absolu du
« beau, du bien, *de l'égalité et de l'unité* ; et que,
« lorsqu'elle passe *de l'état de substance à celui de
« personne, et acquiert ainsi la conscience et la pensée
« distincte*, en sortant des profondeurs où elle se ca-
« chait à ses propres yeux, elle trouve, dans le sen-
« timent obscur et confus de la relation intime qui
« la rattache à son premier état, comme à son centre
« et à son principe, les idées du beau, du bien-être,
« qui alors ne lui paraissent pas tout à fait des dé-
« couvertes, et ressemblent assez à des souvenirs ? »
( *Ibid.* pag. 65. )

Le Manuel de philosophie, adopté pour tous
les colléges de France, répète les mêmes paroles
(pag. 244.); et M. Saisset, professeur à son tour
de philosophie à l'École normale, parlant de la nécessité de la création par laquelle tout est tiré de
la substance unique, s'exprime ainsi, à la suite du
grand-maître. « Dans ce système, il est clair que
« Dieu n'est pas plus sans le monde que le monde

« sans Dieu. Le monde sans Dieu, c'est une série
« infinie d'effets sans cause, de modes sans subs-
« tance, de phénomènes sans ordre et sans raison.
« *Dieu sans le monde*, c'est l'être *absolument in-*
« *déterminé, sans attributs et sans différence, in-*
« *compréhensible et ineffable*, c'est-à-dire , UNE
« ABSTRACTION STÉRILE ET MORTE, UN VÉRITABLE NÉANT
« D'EXISTENCE. » (*Revue des deux mondes, sur la
philosophie du clergé*, 1ᵉʳ mai 1844.)

M. Géruzez, suppléant de M. Villemain à la Faculté des lettres de Paris, professeur aussi maintenant à l'École normale , répète à peu près les mêmes choses, dans un *Nouveau cours de philosophie*
dédié à son patron grand-maître, et approuvé pour
tous les colléges de France. Il affirme que « *le temps
est la durée de Dieu, l'espace, son étendue ;* que
l'âme est autre chose que le moi, ou plutôt, qu'elle
existe avant d'être moi , *alors qu'elle est encore
au sein de la substance* UNIVERSELLE ; qu'elle le devient en se développant , et que c'est la force ,
c'est-à-dire, Dieu doué de conscience ; que Dieu est
la source commune de toute existence ; que *notre
âme* ÉMANE DE LUI, AUSSI BIEN QUE LA MATIÈRE, *qui
en est sortie par l'inertie et qui y rentre par l'activité.* » (pag. 26, 80, 86, 140, 145 et 214.)

Ainsi, esprit et matière, âme et corps, tout est
l'émanation de la même substance universelle , produit de la même souche, également Dieu. Et voilà
ce que l'on est convenu d'appeler SPIRITUALISME !

Or, cet enseignement , conséquence nécessaire

de la souveraineté de la raison, de la négation de toute religion positive et de toute révélation, dit l'abbé Maret, professeur de théologie universitaire à Paris, est, à peu d'exceptions près, l'enseignement des professeurs d'état, du haut en bas de la hiérarchie universitaire. « La matière a donné naissance à tous « les êtres corporels, enseigne M. le professeur « Quinet; sa puissance de transformation, *qui est* « *Dieu*, a passé dans l'homme; par elle, il créa les « religions et les sociétés qui naissent les unes des « autres.... » (Son cours de littérature à Lyon, imprimé par lui sous le nom de *Génie des religions*, et vanté par M. Pierre Leroux, dans sa *Revue indépendante*, pag. 2 et suiv.)

« Toute *création* est une distinction, » dit M. Michelet; « nous ne nous représentons pas aisément « aujourd'hui l'amour de l'homme pour la nature « dans les premiers âges, où il était encore à peine « dégagé de son sein : en chaque créature de Dieu, « il voyait une sœur, une amante. »

« Faisons aujourd'hui, si nous voulons, les fiers, « mais n'oublions pas notre éducation sous la « discipline de la nature. *Les plantes et les ani-* « *maux, voilà nos premiers précepteurs.* Tous ces « êtres que nous dirigeons, ils nous conduisaient « *alors mieux que nous n'aurions fait nous-mêmes ;* « ils guidaient notre jeune raison par un instinct « plus sûr.... *Nous profitions à contempler ces irré-* « *prochables enfants de Dieu.* » Et encore : «Dans « les âges plus voisins de la création, l'homme

« était moins séparé des bêtes ; et voilà pourquoi
« l'auteur inconnu du Sésostris de Turin, et Mi-
« chel-Ange, dans son *Moïse*, n'ont pas craint de lais-
« ser quelque chose de la bête dans ces gigantes-
« ques images de l'homme primitif.... » ( *Origine
du droit*, introduction.) On retrouve le même panthéisme dans son *Introduction à l'histoire universelle*, dit M. le professeur Maret.

« Dès que je sus que du pus accumulé à la sur-
« face du cerveau, » enseigne M. Broussais dans sa
profession de foi, « détruisait nos facultés, et que
« l'évacuation de ce pus leur permettait de reparaî-
« tre, je ne fus plus maître de les concevoir au-
« trement que comme des actes d'un cerveau vivant,
« *quoique je ne* susse, *ni ce que c'est qu'un cer-
« veau, ni ce que c'est que la vie.* »

« Le physiologiste, » dit M. le professeur Magen-
die, dans son *Précis élémentaire de physiologie*
(tom. 1, pag. 175, 2ᵉ édition), « reçoit de la religion la
« croyance consolatrice de l'existence de l'âme ;
« mais *la sévérité de langage et de logique que com-
« porte maintenant la science, exige que nous trai-
« tions de l'intelligence humaine, comme si elle était
« le résultat d'un* organe. »

« Notre âme, » enseigne M. Berger, professeur de
rhétorique au collége de Charlemagne, « est une
« portion de la Divinité. *Divinæ mentis particula.* »
( Discours pour la distribution des prix de concours. 1842. )

M. Loudières, professeur de rhétorique au collége de Saint-Louis, s'exprimait de la même manière dans une circonstance semblable, et proclamait hautement que l'objet constant de l'enseignement universitaire était « la raison de toute chose, « matière et esprit, force pleine de vie..., inspirant « les poëtes, animant les orateurs, faisant des « philosophes, des penseurs, des révélateurs et de-« vins, temps et mémoire, humanité, quasi divine « portion de la nature des choses, *qui se meut en* « *tout, croît et vit dans les plantes, vit et sent dans* « *les animaux muets, sent et pense dans l'homme;* « dans l'homme épuise sa force, *par lui s'adore elle-* « *même, acquiert réflexion et prend conscience.*» (1838.)

A Versailles, c'est M. l'ex-diacre Bouchitté, professeur d'histoire, etc. enseignant « qu'il y a, dans toute philosophie quelque peu profonde, un élément panthéistique, de la présence duquel on ne saurait douter; que la création *ex nihilo*, enseignée par le christianisme, est une erreur qui répugne au bon sens...; que nul être ne présente, dans la conception que nous en avons, plus de contradictions formelles et insolubles, que Dieu.... » (*Rationalisme chrétien.* Introduct.)

Ailleurs, à Toulouse, c'est M. Gatien-Arnoult enseignant que « la création, pour être connue, aurait besoin d'être révélée, et que les prétendues révélations divines ne sont que des conjectures humaines; que la Genèse, sur ce point, exprime les absurdités, les plus grossières superstitions des temps anciens, dont se moqueraient les plus vieilles femmes et les plus petits enfants. » (*Éléments philosophiques*, pag. 39 et suiv.)

A Lyon, c'est M. Bouiller, proclamant hautement, avec son grand-maître M. Cousin, « que Spinosa « n'a eu d'autre tort que de s'être laissé trop absor- « ber par le sentiment du souverain être ; que son « livre est un des plus beaux hommages rendus à « la souveraineté de la raison ; qu'il n'en renie ni « l'esprit ni les principes. » ( *Théorie de Kant*, ou *Catéchisme populaire*, préface, pag. VII, et son cours cité par l'*Univers*, n° 576.)

C'est le professeur de Législations comparées ajoutant : « Voilà pourquoi Spinosa est si grand ; « il n'a pas hésité à rivaliser avec Jésus : le Nazaréen « avait annoncé Dieu-homme, le Hollandais pro- « clama le MONDE-DIEU. » (*Revue des deux mondes*, tom. VII. )

C'est à Rouen, à Paris et dans toute la France, le professeur Mallet, enseignant encore, dans son *Manuel de philosophie*, autorisé pour tous les collé- ges royaux et communaux, que « *l'esprit dans lequel son livre est écrit, est celui de la philosophie éclec- tique, qu'un illustre professeur, M. Cousin, aux opi- nions et aux jugements duquel il aura l'occasion de faire de fréquents appels, est venu proclamer, et qui était déjà dans tous les esprits,* » c'est-à-dire, le panthéisme, qu'on retrouve en effet presque à chaque chapitre. (*Préface et Manuel, passim.*)

Si l'opinion publique et nos citations pouvaient

laisser quelques doutes sur ce fait, le témoignage
d'un disciple et collègue de M. Cousin suffirait pour
les dissiper. « La doctrine de M. Cousin, dit M. Ga-
« tien-Arnoult, sa doctrine du *panthéisme*, *fata-*
« *liste et optimiste*, *ne tend à rien moins qu'à tuer*
« *la vertu dans son principe....* *Trop de gens ont*
« *cru apprendre de M. Cousin à la regarder comme*
« *une chimère et une niaiserie : ils agissent en con-*
« *séquence.* Enfin, sous le point de vue religieux,
« *il n'est parvenu qu'à faire des athées*, parlant
« mal chrétien et parodiant le catholicisme. *Beau-*
« *coup de ceux qui avaient été ses disciples, se sont*
« *faits* SAINT-SIMONIENS. » (*Doctrine philosophique,*
pag. 172 et suiv.)

C'est enfin dans les classes de 5ᵉ et 6ᵉ, ainsi que
dans les écoles primaires, M. Burette, enseignant
dans ses *Cahiers*, que, « placé, à l'enfance du monde,
« sur cette terre miraculeuse de l'Égypte, l'homme,
« frappé du spectacle des phénomènes physiques,
« *se prosterna devant la nature et l'adora....*; que,
« dans le point de vue d'une mystérieuse unité,
« *le Dieu suprême et l'univers se confondent....*; que
« tout vit dans l'univers, que tout vit *d'une seule*
« *vie, et que cette vie, c'est Dieu....; qu'il est le tout,*
« *dans le tout et par le tout.* » (*Cahiers d'histoire uni-*
*verselle*, à l'usage des colléges et des écoles normales primaires, 2ᵉ cah. pag. 97 et 98.)

C'est, dans tous les colléges, le Voltaire classique,
ou *Siècle de Louis XIV*, présentant, dans le catalogue des écrivains, d'après des vers cités avec

éloge (art. Chaulieu), les châtiments de l'autre vie comme de *vaines superstitions*, *des fantômes, enfants de la peur, imprimés dans les cœurs par de faibles nourrices, avec les contes de loups-garous ;* y louant et y justifiant tous les impies et les athées eux-mêmes ; y accusant, ainsi que dans les chapitres 32 et 38, Bossuet d'être secrètement marié, Fénélon, d'être un ambitieux à l'imagination romanesque, tous les deux d'être *incrédules et sceptiques.* » On dirait qu'obligé de louer ces deux grands hommes pour leurs talents littéraires, et de mettre quelques-uns de leurs ouvrages entre les mains des élèves, l'enseignement d'état a voulu paralyser, par ce livre de Voltaire, ce que l'autorité de ces immortels écrivains aurait pu produire dans l'esprit de la jeunesse en faveur de la religion, en les présentant comme n'y croyant pas eux-mêmes.

C'est M. le professeur et recteur Laroque, prononçant, dans la dernière édition de son *Cours de philosophie*, que rien *n'est plus véritablement impie que le dogme de l'enfer.*

C'est M. Auguste Comte, enseignant, dans ses *Cours pour le peuple*, que ce même dogme est *un conte comme celui de Croquemitaine.*

C'est M. Cousin, dans son *livre d'instruction morale et religieuse*, approuvé pour toutes les écoles, ne reconnaissant pour dogmes que la *Trinité*, *l'Incarnation et la Rédemption*, comme pouvant être plus tard expliqués par la substance unique : *Dieu nature et humanité*, et par *l'incarnation de la rai-*

*son dans l'homme, pour le racheter*, retranchant l'enfer et réduisant tout le reste de la religion au *culte, produit de l'enthousiasme où l'homme adore ce qui n'y est pas.*

Ce sont les *Entretiens sur la morale de maître Pierre*, déjà cités, où M. Delcasso enseigne *qu'il n'y a qu'un seul Dieu, substance et cause universelle....* (pag. 62.)

C'est le livre approuvé pour les écoles d'hommes et de garçons, ayant pour titre *Instinct et mœurs des animaux*, dont près de 150 exemplaires furent distribués en prix dans la seule année 1843, et dans les seules écoles de Paris. (1) On y lit que l'âme *de l'homme est de la même nature que celle des animaux;* qu'il n'y a entre elles *qu'une différence du plus au moins;* que l'intelligence et les instincts sont formulés par les nerfs, qui, *en se réunissant au cerveau, constituent l'intelligence.* On y trouve des chapitres où l'on montre, pour l'édification de l'homme sans doute, la *perfectibilité, l'éducabilité, la morale, les amours fidèles* (il y a là des choses abominables), *la probité et la charité des animaux,* et où l'on enseigne la conduite amicale que les hommes doivent tenir à leur égard. (Chap. 2, 3, 4, 5, 6, 7, 9, 10, 11, 12, 13, 15, 17, 18, etc.)

C'est le matérialisme dans toute sa crudité.

Ainsi, du haut en bas de l'enseignement d'état, dans les Facultés comme dans les colléges, dans les

_______________

(1) *État* des ouvrages à distribuer en prix dans les écoles communales de Paris, lithographié pour être mis au concours.

collèges comme dans les écoles du peuple, le panthéisme et le matérialisme sont enseignés; tous les liens sociaux, tous les liens de famille sont radicalement dissous ou brisés, et le communisme en sort comme la sueur découle goutte à goutte d'un corps travaillant au milieu du jour, sous les rayons brûlants du soleil du mois d'août, sans qu'il soit possible au rationalisme de le repousser autrement que par la tyrannie et par l'oppression de la force brutale.

— Edgar, disait naguère un père à son fils qui venait de terminer ses études dans les hauts cours de Paris, tes discours et ta conduite affligent profondément ta vertueuse mère....

### LE FILS.

Pourquoi aussi s'infatuer, comme elle fait, des vieilles superstitions du catholicisme, et vouloir les imposer aux autres ?

### LE PÈRE.

Les croyances d'une mère sont toujours, mon ami, respectables pour un fils.

### LE FILS.

Le fanatisme et l'absurdité, mon père, ne sont respectables pour personne, et je ne puis m'avilir jusqu'à honorer ce que je méprise et abhorre.

### LE PÈRE.

Mais au moins faudrait-il laisser vos sœurs tranquilles, et ne pas travailler du matin au soir à les tourmenter et à les pervertir.

### LE FILS.

Les pervertir, en leur répétant les enseignements de l'état, ceux-là mêmes que, pendant douze ans, vous m'avez fait recevoir? C'est leur apprendre au contraire à jouir de la vie; et ne savez-vous pas mieux que moi qu'*homme, nature, toute existence,* comme dit dans ses *Origines du droit* (Introduct. pag. 64.) notre premier professeur d'histoire et de *morale* au Collége de France, *est travaillé d'un* infini captif *qui veut se révéler par la génération, par l'action et par l'art.....* Je ne puis résister à ces penchants les plus naturels, les plus divins que nous portions en nous-mêmes. Les femmes jusqu'ici n'ont puisé ces enseignements que dans les romans et les théâtres; elles les recevront bientôt, comme nous, d'une manière régulière et obligatoire, dans les écoles de l'état.

### LE PÈRE.

Jusque là, je vous dispense de les leur donner, et vous prie de chercher à satisfaire ailleurs les passions qui vous pressent.

### LE FILS.

Tirés du sein de la nature, de la substance universelle, ne sommes-nous pas tous frères et sœurs, comme les animaux? et n'est-ce pas se rapprocher de la vraie vertu que de prendre pour modèles *ces irréprochables enfants de Dieu*, comme dit encore notre professeur?... Pour chercher ailleurs, il faut de l'argent, et vous répétez sans cesse que nos revenus sont insuffisants....

LE PÈRE.

Écourtés surtout par des procédés qui annoncent chez vous des idées peu nettes sur le droit de propriété.

LE FILS.

Que voulez-vous dire ? je ne comprends pas.

LE PÈRE.

Interrogez votre conscience, et le jour se fera.

LE FILS.

Ma conscience ne me reproche rien ; ma raison me dit, au contraire, qu'étant tous également *fragment et portion de Dieu*, comme me l'ont enseigné tous les maîtres d'état que vous m'avez donnés, tous également nous avons droit à tout.

LE PÈRE.

Mais c'est le communisme....

LE FILS.

C'est l'enseignement d'état, que vous pratiquez

vous-même. Votre traitement de fonctionnaire ne sort-il pas de la poche des contribuables ? et la place à laquelle il est attaché , n'est-elle pas une de ces sinécures accordées en récompense de vos *services électoraux* , aussi bien que la bourse du collége où vous m'avez fait étudier , et à laquelle je n'avais pas plus de droit que tout autre ?

LE PÈRE.

C'est un étrange et bien insolent langage que vous tenez là, Monsieur !

LE FILS.

C'est celui de la vérité.

LE PÈRE.

Vous me prenez sans doute aussi, comme votre mère, pour un fanatique absurde, mais dans un autre genre.

LE FILS.

Non, mais pour un tyran égoïste qui vous souciez fort peu des droits de vos enfants.

LE PÈRE.

Devant l'autorité d'un père, il n'y a pour un fils que des devoirs.

LE FILS.

*Autorité* vient *d'auteur*, et il n'y a plus d'auteur depuis que Dieu lui-même ne crée rien de rien, et qu'il est nécessité par sa nature elle-même de nous tirer de sa substance, et nous, et tout ce qui existe, et de mettre ainsi sous des formes diversifiées à l'infini, son infinie activité. Ces formes elles-mêmes, c'est-à-dire, tout ce qui existe, c'est son être, c'est lui-même ; elles n'ont point, elles ne peuvent point avoir d'autorité les unes sur les autres, appartenant toutes également, forcément, partout et toujours, à la même substance, qui est tout et que nous appelons Dieu. Me formant d'elle, non librement, mais nécessairement par nature et sous peine de cesser d'être, ne pouvant pas plus être elle-même sans moi, que moi sans elle, elle n'a pas pu et ne peut pas plus avoir d'autorité sur moi et sur les autres êtres phénoménaux qui me ressemblent, que moi sur elle et sur les autres êtres, ses semblables et mes égaux, quelque nom qu'on leur donne, qu'ils s'appellent état ou église, pères, mères, frères, sœurs, hommes ou femmes, rois ou préfets, plantes ou bêtes. Ainsi l'enseigne encore tout l'enseignement philosophique et historique le plus officiel de l'état. Est-ce que le soleil a quelque autorité sur ses rayons, et la source sur les gouttes d'eau qui en jaillissent ? Est-ce que ces rayons et ces gouttes d'eau ont quelque autorité les unes sur les autres ? Est-ce que l'hirondelle qui est sortie de son nid et qui a effleuré le fleuve ou plané au haut des airs, s'incline et renonce à ses instincts devant l'hirondelle qui l'a nourrie ? Est-ce que le lionceau, devenu lion, et qui rugit et déchire librement sa proie au milieu du désert, reconnaît une autorité quelconque dans le lion ou la lionne qui l'a produit, ou l'arbre et le grain de froment dans la terre qui les a fait naître?.....

### LE PÈRE.

Assez, assez! C'est trop de discours; et puisqu'il en est ainsi, c'est au code pénal que je m'adresserai pour vous la faire reconnaître, cette autorité.

### LE FILS.

C'est-à-dire à la force brutale. Il faut alors vous presser, si vous voulez ne pas la voir vous échapper ; je vous en avertis, on n'emprisonne ni on ne tue les idées, et on ne fait point oublier derrière des verroux douze années d'enseignements et d'études. Pour peu que vous différiez, vous trouverez, entre nous, deux fusils et une barricade.

### LE PÈRE.

## MALHEUREUX !!!

Quinze jours en effet s'étaient à peine écoulés; le rappel battait de toutes parts, mêlé aux sons lugubres du tocsin de l'incendie. Le canon tonnait, les édifices étaient en feu, et un père tombait frappé par l'arme d'un fils; des sœurs étaient déshonorées par leur frère. Dieu avait livré les hommes aux conséquences de leurs pensées. Les ombres de la plus épaisse et de la plus sanglante barbarie pesaient sur le monde, et l'on entendait encore, au milieu du sang et des ruines :

Aux armes, citoyens ! formez vos bataillons.
Tuons , brûlons.
Au plus brutal et femmes et maisons.

## C'ÉTAIT LE COMMUNISME.

Et la logique disait à l'enseignement d'état, aux citoyens qui s'étaient laissé imposer une si exécrable tyrannie, aux pères et mères qui lui avaient livré leurs enfants :

## IL A RAISON!

# VII.

## CINQUIÈME CAUSE DOCTRINALE DU COMMUNISME.

*L'enseignement d'état. — Suite : La morale qu'il enseigne.*

> *Duo mala fecit populus meus : me dereliquerunt fontem aquæ vivæ, et foderunt sibi cisternas, cisternas dissipatas, quæ continere non valent aquas.*
>
> Mon peuple a fait deux maux : ils m'ont abandonné, moi, la fontaine d'eau vive, et ils se sont creusé des citernes, des citernes entr'ouvertes, et incapables de retenir les eaux. (*Jérémie, ch.* 2, *v.* 13.)

Le communisme sort donc, par toutes les voies, de l'enseignement de l'état; il est la conséquence immédiate, nécessaire des doctrines enseignées par la philosophie, par l'histoire, par la littérature, par les sciences, par le catéchisme même de l'état. Pour pouvoir le nier, il faudrait abjurer la logique, briser l'intelligence, ou révoquer en doute les faits de cet enseignement les plus authentiques, les plus manifestes, les plus nombreux, le témoignage de l'opinion publique elle-même.

Voici, en effet, comment elle s'en explique par

7.

les journaux les plus célèbres et les plus dévoués jusqu'ici à l'enseignement d'état.

« L'école éclectique, écrivait, il y a six ans (6 « novembre 1842), le journal *les Débats*, l'école éclec- « tique, pour l'appeler par son nom, est aujour- « d'hui maîtresse, et *maîtresse absolue* des généra- « tions nouvelles ; elle occupe *toutes les chaires* de « l'enseignement.... Le public a donc le droit de « demander compte à cette école du pouvoir absolu « qu'elle a pris et *que nous ne lui contestons pas*, « *d'ailleurs.* Elle a beaucoup fait pour elle, nous « le savons ; mais qu'a-t-elle fait pour le siècle ? Où « sont ses œuvres, ses monuments, les vertus « qu'elle a semées, les grands caractères qu'elle a « formés, les institutions qu'elle *anime* de son souf- « fle ? Il est malheureusement plus facile de s'adres- « ser ces questions que d'y répondre. Qu'est-ce « que Dieu ? Qu'est-ce que l'âme ? Qu'est-ce que « l'univers ? Pourquoi y a-t-il quelque chose ? Le « monde est-il éternel et infini, sans bornes, dans « le temps ni dans l'espace ? L'âme est-elle ma- « térielle ou immatérielle ? Est-elle libre, ou sou- « mise à la nécessité ? Survit-elle à la dissolution du « corps, ou périt-elle avec lui ? Voilà les problèmes « sur lesquels on se déclare incompétent, et sur les- « quels on propose à l'humanité de se résigner à « l'ignorance, à l'indifférence éternelle. »

C'était déjà, certes, un mal immense que de lais- ser sans solution toutes ces grandes questions, fondement de l'ordre social ; mais nous avons vu

que le mal était plus grand, puisque toutes les solutions qu'on leur donnait étaient communistes et
subversives de toute autorité, de tout devoir, de
tout droit, de tout ordre, et ne pouvaient qu'aboutir au plus barbare despotisme ou à la plus sanglante anarchie.

« L'université (ou l'enseignement d'état), » disait
à peu près vers le même temps (décembre 1843),
le *Courrier français*, « l'université ne refuse la li-
« berté d'enseignement à l'Église, que parce *qu'elle*
« *n'a pas même foi en elle.* C'est en vain qu'*au nom*
« *de la civilisation*, elle repousse l'instruction ec-
« clésiastique; elle redoute une concurrence que
« lui rendraient redoutable les sympathies re-
« ligieuses d'un grand nombre de familles, ou du
« moins le sentiment profond de la nécessité pour
« leur fils, *de n'être point sevrés* DE TOUTE ÉDUCA-
« TION MORALE. »

« Quant à la morale dans l'université (ou l'enseignement d'état, « écrivait *Le National*, un peu
avant septembre 1842), « *l'exemple et les paroles*
« *des hauts dignitaires ne tendent qu'à inculquer*
« *une seule maxime :* CHACUN POUR SOI. »

« On continue bien, quoiqu'avec réserve, à don-
« ner pour sujet de lecture ou d'amplification les
« traits de dévouement et de patriotisme qu'offre
« l'histoire de nos pères; mais *ce n'est pas la faute*
« *des maîtres*, si quelques jeunes têtes prennent ces
« belles leçons au sérieux et songent à les appli-
« quer. *On leur inculque la pensée qu'il faut, avant*

« *tout, faire de bonnes affaires et le plus prompte-*
« *ment possible.* Les enfants de nos campagnes ap-
« prennent à mépriser le travail lent et honorable
« de leurs pères, pour se jeter tous dans les grands
« centres de population , où, pourvu qu'ils aient
« quelque facilité d'élocution et *peu de conscience*,
« ils sont à peu près sûrs de faire fortune. »

« *Nous renonçons à tracer ici* LE SOMBRE TABLEAU
« QUI EST MALHEUREUSEMENT SOUS NOS YEUX. Mais
« que nos lecteurs songent un instant à ce que le
« régime où nous vivons a fait d'une grande par-
« tie de la jeunesse française, et ils pourront trop
« aisément suppléer à ce que nous taisons. Ils com-
« prendront que si, dans l'armée, dans l'adminis-
« tration, dans le barreau , dans les professions
« appelées libérales, dans l'industrie, *on voit tant*
« *d'hommes n'avoir souci que de leur intérêt per-*
« *sonnel, et fouler aux pieds tout ce qui fait obsta-*
« *cle à leurs passions, c'est que l'éducation première*
« *dont l'université est responsable, a fait place chez*
« *nous à une école d'égoïsme et de corruption pré-*
« *maturée.... »*

Ainsi parlaient *le Siècle, le Globe, la Presse,* presque tous les journaux. Mais l'enseignement d'état
ne s'est pas contenté de poser seulement tous les
principes du communisme, il a tiré et enseigné souvent les conséquences mêmes de ces principes.

Citons encore.

« *Le bon sens,* enseigne M. le grand-maître Gui-
« zot, *veut le succès,* et l'intérêt public ne s'atta-

« che qu'aux grandes choses, QUELS QU'EN SOIENT
« LE PRINCIPE ET LE BUT. » (*Civilisation en Europe,*
pag. 350.)

Communistes, faites des barricades et triomphez,
et vous serez des grands hommes !

« C'est un arrêt de l'éternelle justice, dit M. Vil-
« lemain, le grand-maître encore, qu'une volonté
« honnête et ferme atteigne son but, et qu'une
« volonté faible ou vicieuse soit au moins condam-
« née au châtiment de l'impuissance. » (*Discours
pour la distribution des prix de concours,* 1841.)

Donc encore, tout ce qui réussit est bon, tout ce
qui ne réussit pas, mauvais. Et l'unique règle de
morale, c'est le succès.

« Sans entrer dans des détails superflus, dit aussi
« M. le grand-maître Cousin, il sort de l'histoire
« entière des grands hommes, qu'on les a pris, et
« qu'eux-mêmes se sont pris pour les instruments
« du destin, pour quelque chose de fatal et d'irré-
« sistible ; et il n'y a pas d'erreur dans le fond de
« cette pensée ; aussi, le caractère propre, le signe
« du *grand homme,* C'EST QU'IL RÉUSSIT. Quiconque
« ne réussit pas n'est d'aucune utilité au monde,
« ne laisse aucun grand résultat, et passe comme
« s'il n'avait jamais été. *Il faut que le grand homme
« réussisse, dans quelque genre que ce soit....* Or,
« les grands hommes ne sont pas seulement des
« artistes *ou des philosophes,* ils sont aussi des
« guerriers. *Le grand guerrier n'est tel qu'à la con-
« dition de gagner beaucoup de batailles, c'est-à-*

« *dire encore*, DE FAIRE D'ÉPOUVANTABLES RAVAGES
« SUR LA TERRE. Ou nul guerrier ne doit être appelé
« grand homme, ou s'il est grand, il faut *l'absou-*
« *dre*, ET ABSOUDRE EN MASSE TOUT CE QU'IL A FAIT....
« On ne fait jamais attention que tout ce qui est
« humain, c'est l'humanité qui le fait.... OR, L'HU-
« MANITÉ A TOUJOURS RAISON.... Auprès des masses,
« *les faits sont tout*, LE RESTE *n'est rien*. Les inten-
« tions, la bonne volonté, LA MORALITÉ, les plus
« beaux desseins..., tout ce qui ne se résout pas
« en fait est compté pour rien par l'humanité....
« L'humanité est le résumé de l'univers, le dernier
« mot du monde, la manifestation de Dieu; et la
« nécessité de ses lois a pour dernier principe Dieu
« lui-même; » ou, en d'autres termes, comme il l'a
dit ailleurs, « elle est Dieu, et ce que le vulgaire
« appelle sa providence, est LA FATALITÉ. » (*Introd.*
*à l'hist. de la philosophie*, 8ᵉ et 10ᵉ *leç.*)

Il avait dit plus haut (7ᵉ leçon.) : « Tous ces
« mondes : industrie, état, art, religion, philoso-
« phie, *et leurs résultats de toute espèce*, forment
« l'histoire; or, l'histoire est une géométrie inflexi-
« ble; toutes ses époques, leur nombre, leur or-
« dre, leur développement relatif, tout cela est
« marqué en haut *en caractères immuables;* et la
« Providence ne les a pas seulement permis, ELLE LES
« A ORDONNÉS, car LA NÉCESSITÉ EST LE CARACTÈRE
« PROPRE ET ESSENTIEL QUI PARTOUT LA MANIFESTE :
« et l'histoire n'est pas seulement une géométrie su-
« blime, c'est aussi une géométrie vivante, un TOUT

« ORGANIQUE dont les divers membres sont comme la
« véritable physiologie des totalités bien réelles qui
« ont leur vie à part, et qui en même temps se pénè-
« trent si intimement , qu'ils conspirent tous à
« l'unité de la vie générale. » (1)

Ainsi, nous sommes bien expressément les membres du Dieu-tout, et le communisme et tous les
forfaits qui l'accompagnent , sont des vertus or-
données et accomplies par Dieu même. C'est une
chose sublime, quelques massacres qui accompagnent son triomphe ; et ceux qui, par le meurtre,
le vol et l'incendie, le font réussir, sont des grands
hommes.

M. le grand-maître , premier directeur de tout

(1) M. Proudhon, dans ce discours fameux qui a jeté tant d'é-
moi dans la Chambre, a dit : « La révolution de février a été un
« fait, le 16 mars a été un fait, les ateliers nationaux un fait, le
« 17 mars un fait, le 16 avril un fait, le 15 mai un fait, le suffrage
« universel un fait, l'insurrection de juin un fait. Tous ces faits,
« unis entre *eux*, *se* LÉGITIMENT DANS L'HISTOIRE et au point
« de vue de la Providence. (Oh! oh! violents murmures!) Au
« point de vue du droit, de la légalité , tout cela est incohé-
« rent, contradictoire , sans principe ; il ne s'y trouve que de
« la force. Nous pouvons aujourd'hui restreindre le droit au
« travail, faire une constitution comme nous l'entendrons, aucun
« principe ne nous rallie, pas même la propriété ! Que nous reste-
« t-il donc ? la force ! Notre autorité ne vaut que tant qu'elle n'est
« pas contestée et que nous sommes les plus forts. » (Murmures.)
(*Moniteur*, 1er août 1848.)
Nous demandons à tous les hommes de bonne foi si ces doctrines ne sont pas identiquement les mêmes que celles de M. Cousin
et de ses professeurs. On les condamne, on les flétrit à la tribune,
et l'état *force* tous les enfants de la France à les adopter dans les
écoles ! Voyez encore les bases du fouriérisme, plus haut, pag. 61.

l'enseignement philosophique et moral de l'état, va plus loin encore, si possible : *Fragment. Préface de la* 1re *édit.* pag. 69-70. « La liberté est « *l'idéal du moi ;* le moi doit y tendre sans cesse, « sans y arriver jamais ; il en participe, mais il n'est « point elle ; il est la liberté en acte, non la liberté « en puissance ; c'est une cause, mais une cause « phénoménale et non substantielle.... Il implique « que rien de substantiel ne se rencontre dans quoi « que ce soit de phénoménal ; — ( il faut donc ad- « mettre) une *activité substantielle, antérieure et* « *supérieure à toute activité phénoménale,* QUI PRO- « DUIT *tous les phénomènes.* » Or, cette activité sub- stantielle, c'est le fond de toute la philosophie de l'état ; c'est ce qu'elle appelle la force à l'absolu, Dieu, nature et humanité. D'où il suit que l'homme et toutes ses œuvres n'ont rien de réel, que ce sont autant de phénomènes de la force-Dieu, que toutes sont dignes de louanges et d'adoration comme œuvres divines : vol, spoliation, massacres, impudicités de tout genre, communisme, en un mot ; et que les tribunaux et les législateurs quels qu'ils soient, ne seraient que des monstres d'absurdité et de cruauté, s'ils ne trouvaient une excuse dans la même fata- lité, ou plutôt, leur fatale raison d'être dans le même *Dieu-tout.*

Absurdités sans nom, anarchie sans limites, des- potisme sans frein, avec la fatalité pour principe et tous les crimes pour moyens! voilà donc les ver- tus et l'ordre social résultant logiquement, incontestablement de l'enseignement de l'état. Proudhon et tous les communistes du monde vont-ils jusque là ? tirent-ils toutes les conséquences des doctrines que, vingt-cinq ans durant, on a forcé, au nom de l'état, avec les budgets de l'état, toute la jeunesse française, de recevoir et d'adopter sous peine d'ilotisme ?

Voici encore une conséquence morale des principes de l'enseignement d'état, que le communisme saura apprécier : « Le corps tient à l'âme par des « rapports trop intimes ; il lui est trop nécessaire, « comme instrument d'action, pour être traité avec « indifférence, non qu'en lui-même il ait des droits « à des soins qui lui soient propres ; en lui-même « il n'est que *physique*. Effet de l'ordre, partie du « monde, il y aurait sans doute de la folie, et par « conséquent, *quelque mal* à le détruire *sans raison*, « à le mutiler par caprice ; cependant, *après tout*, « il n'y aurait pas CRIME ET INJURE ; ce serait une « atteinte à la nature, et non à un être moral. » (*Essai sur l'histoire de la philosophie au* 19ᵉ *siècle*, tom. ii. pag. 257.) Or, comme le corps ne change pas de nature pour appartenir à un autre que moi, à la bête même, il suit très-clairement, très-nécessairement que l'homicide, l'incendie, tous les attentats sur les corps ou sur les fortunes, ne sont pas plus crime ou injure que le suicide, le meurtre d'un oiseau, la flétrissure d'une fleur. Bien plus, comme les communistes croiraient avoir d'excellentes *raisons* pour se permettre toutes ces choses, savoir, la conquête de l'égalité dans la communauté des biens et des femmes, il suit très-clairement encore qu'il n'y aurait pas même quelque mal pour eux à en venir là. Aussi M. Cousin faisait-il à ses élèves, dit M. Pierre Leroux, l'éloge de Robespierre et de 93, et était-il sans scrupule un des chefs du carbonarisme français sous la restauration.

« Est-ce donc un si grand crime, » dit le premier professeur après M. Cousin, et son premier disciple, « d'avoir pensé d'une manière plutôt que d'une « autre? Nous voudrions que ceux qui prodiguent « la haine ou la proscription, à propos d'opinions « (même communistes), « réfléchissent un peu sur « la manière dont une opinion s'adopte, et cher- « chassent avec un peu d'exactitude jusqu'à quel « point celui qui l'embrasse est responsable de l'a- « voir embrassée.... On arriverait bien vite à voir « tout ce qu'a d'absurde et d'injuste l'intolérance.... « *Y a-t-il quelque chose de plus ridicule que d'en* « *vouloir aux philosophes du* 18e *siècle, d'avoir* « *pensé ce qu'ils ont pensé?* C'est comme si on se « fâchait contre la toupie qui tourne sous le fouet « de l'enfant : ce n'est pas la toupie qui est coupa- « ble, c'est l'enfant.... Ce n'est donc point Voltaire « ni ses amis qui sont coupables, c'est leur temps. « Ce n'est point eux que leurs opinions compro- « mettent, mais leur époque. »

— Il y a bien plus, car il ajoute : « Les siècles ne « sont pas plus coupables de leurs opinions que « les hommes des opinions de leur siècle. » (Jouffroy, *Mélanges philosophiques : De la Sorbonne et des philosophes.*)

Plus loin il dit encore : « Le mal pour la force (plante, animal ou homme), « c'est l'imperfection « du développement qui est la conséquence de sa « nature.... Il y a mal pour elle, parce *qu'elle lutte...,* « que son développement est borné et fini.... Le « mal n'est point quelque chose de positif, *c'est* « *l'imperfection du bien ou de l'ordre;* ce qu'on doit « dire de lui, c'est qu'il est *imparfaitement bon...,* « *que son ordre n'est point complet.* »

Voilà la morale enseignée au nom de l'état, vingt ans durant, à tous les candidats-professeurs de l'École normale, ce qu'ils ont enseigné à leur tour d'une extrémité à l'autre de la France. Blanqui, Proudhon, Cabet, Barbès, le communisme tout entier a-t-il fait pire, en a-t-il fait autant?

Ces doctrines, jointes à une profession d'athéisme rédigée par l'auteur lui-même avant de mourir, comme fruit des enseignements de l'état, ont reçu pourtant de M. le grand-maître Villemain, dans la personne du professeur défunt, la plus haute approbation, et il n'a pas craint d'assurer que l'enseignement des autres professeurs ressemblait, dans toute la France, autant qu'il dépendait de lui, aux enseignements de celui-ci.

Le célèbre ministre de l'Instruction publique, après avoir fait le plus magnifique éloge du professeur Jouffroy, dans son discours pour la distribution des prix de concours de 1842, termine en effet par le vœu solennel que tous les colléges soient pourvus, « *par une succession constante*, s'il est possible, de « maîtres tels que celui qui fit entendre, dans l'en- « ceinte de la Sorbonne, de si PURES LEÇONS, et que « le conseil de l'Instruction publique, l'académie « et la tribune, regrettent si justement pour sa sa- « gesse et ses lumières. » (*Almanach de l'université,* 1843. pag. 241.)

« Machiavel est le chef de cette école politique « qui croit tout permis pour la délivrance de la « patrie », enseigne à son tour le professeur favori de M. le grand-maître Guizot, M. Guillaume Li- bri de Bagnano. « S'il était né au milieu d'une dé- « mocratie puissante, *il aurait prêché l'insurrection* « *et de nouvelles vêpres siciliennes ;* venu dans des « temps de décadence et de servitude, il a voulu « confier à un chef hardi et astucieux les destinées « de son pays. Il ne s'est pas proposé de former un roi « bon, *mais un despote fort et propre au combat ; et* « *les hommes qui aiment le plus l'Italie sont encore* « *à se demander s'il reste d'autre espoir.* » (*Histoire des mathématiques,* tom. III. pag. 4. Ouvrage en- voyé par l'état, aux frais des contribuables, à toutes les bibliothèques de France.)

Chacun interprétant et devant interpréter à son gré le bien de la patrie, tous les crimes, tous les genres de forfaits des communistes, l'assassinat même du général Bréa et de son aide-de-camp, ne sont-ils pas justifiés par de telles doctrines ?

« L'amour de soi est donc nécessaire, » enseigne à

son tour le second disciple de M. Cousin, professeur
de Philosophie et de morale à l'École normale, et
depuis au Collége de France ; « il est le principe de
« toutes les affections, en fait tous les caractères, en
« constitue *tous les phénomènes*. L'amour de soi est
« au fond du cœur comme la garde de la personne....
« Pour *une existence étrangère*, *pour un être* NON
« MOI, être plein de sollicitudes, d'intérêt et d'a-
« mour, EST UNE HYPOTHÈSE ABSURDE.... »

Allez donc maintenant, pauvres fils de prolétaires,
vous faire tuer sur les champs de bataille ou dans les
émeutes, pour les gouvernements, pour le pays et
pour l'ordre. Les communistes seuls sont conséquents à ces principes : c'est pour eux, pour faire
fortune, se rendre heureux ici-bas dans l'abondance
et la communauté de toutes choses, qu'ils se battent.

Le disciple de M. Cousin, le professeur des professeurs, ajoute : « Une conséquence nouvelle qui
« sort de tout ceci, c'est que jouir et souffrir des cau-
« ses qui de quelque façon nous favorisent ou nous
« contrarient dans notre marche vers le bien (le nôtre, et dont nous sommes seuls juges), « les aimer
« ou les haïr, les rechercher ou les repousser, *sont*
« *choses très-licites*, je dirai plus, TRÈS-OBLIGATOI-
« RES.... » (Damiron, *Cours de Philosophie*, tom. I.
pag. 161 et suiv.) Ainsi, le communisme, et tous les
moyens qu'il pourra employer pour réussir, sont
pour tous ceux qui en font partie et dont il doit
faire le bien , non-seulement chose licite , mais
chose TRÈS-OBLIGATOIRE.

« *Le vrai progrès moral et religieux* », dit dans sa préface de la *Théorie de Kant*, *ce catéchisme admirable*, le professeur de philosophie et de morale à la Faculté des lettres de Lyon, « consiste.... *en « ce que chacun obéit à la loi qu'il se donne à lui-« même*, et qui doit être aussi par lui considérée « comme *la volonté du Créateur, révélée à son « esprit par la raison.* » (pag. 29.) La conséquence qu'il en tire, est : *plus de prétres*, *plus de culte ;* et celles qui en découlent, ne sont-ce pas toutes celles du communisme ? Aussi le logique professeur ajoute-t-il, quelques pages plus loin (pag. 32.), « que « l'époque où cette vraie religion a exercé le plus « d'empire sur les âmes, a été la fin du 18ᵉ siècle. » L'époque sans doute de Danton, de Marat et de Robespierre !

« Que serions-nous sans les femmes ? » enseigne M. Michelet, professeur en ce temps-là de tous les professeurs d'histoire à l'École normale, maintenant professeur d'histoire encore, et de *morale* par-dessus, au Collége de France ; « elles nous donnent la vie, « et cela c'est peu, mais aussi la *vie de l'âme.* Que « de choses nous apprenons près d'elles, comme « fils, comme *amants* ou amis...! Parmi les femmes « qui cultivèrent la grâce dans le duc d'Orléans, « frère de Charles VI , fut Isabeau de Bavière, « *sa belle-sœur*, son amie, PEUT-ÊTRE DAVANTAGE. » (*Hist. de France*, tom. IV. pag. 95 et 96.)

Il avait déjà dit (dans le tome II. pag. 253 et suiv.) au milieu de tous les accents de l'admiration : « Si

« le nom d'épouse est plus saint, celui *de maîtresse*
« *et de concubine est plus doux. Ce fut, dans Héloïse,*
« L'IDÉAL DE L'AMOUR PUR ET DÉSINTÉRESSÉ DE L'AVOIR
« PRÉFÉRÉ AU PREMIER. » Son émule et son collègue,
M. Quinet, a enseigné la même morale avec plus de
crudité encore dans son *Ahasvérus*, que d'autres de
ses collègues ont appelé, dans *la Revue des deux mon-*
*des*, *un livre de haute poésie*, *un torrent lyrique.*
« Le zéro, dit-il (pag. 278, 289 et suiv.), est le nom-
« bre sacré. C'est sur lui que tout repose.... Il n'a
« ni commencement ni fin. Sans être, il paraît, et la
« sphère des mondes est un grand zéro qui se trace
« vide dans le vide espace.... »

« Je voudrais t'adorer ici, Rachel, sans faire un
« pas pendant l'éternité.—Dans les premiers temps,
« Ahasvérus, je me faisais scrupule de t'aimer au-
« tant que Dieu. J'ai longtemps souffert de ce com-
« bat.—Ne t'inquiète pas, ma chère âme. Le véri-
« table Dieu est en toi.... Il n'y a au-dessus de toi
« que l'éternel vide qui t'écoute, pour répéter à ja-
« mais le mot qu'il aura entendu de ta bouche. Tu
« es toute chose, et tout ce qui n'est pas toi n'est
« rien.—Autrefois, tu me disais la même chose,
« et je trouvais cela impie. A présent, je vois que
« c'était moi qui ne te comprenais pas assez.—Tu
« verras que tes autres doutes se dissiperont aussi
« avec le temps.... Le paradis, c'est toi.... La trace
« de tes pieds que la bise a effacée, voilà toute l'im-
« mortalité.... Toi-même, qui sait si tu es autre chose
« qu'une ombre, qu'une pensée pour engloutir ma

« pensée dans le néant entrecoupé de parfums et
« de soupirs ? »

Il avait dit un peu avant (pag. 267 , 269 et
suiv.) :

« Souvent il arrive qu'un Dieu est mort et en-
« terré dans le ciel, et que nous l'adorons encore
« sur la terre. Toute la difficulté est de connaître
« au juste l'époque du décès, pour ne pas perdre
« son temps devant un squelette qui pendille à la
« voûte de l'éternité. Mais, après tout, dans le
« doute, *un homme comme il faut peut toujours*
« *être* SON DIEU A LUI-MÊME, pendant une quinzaine
« d'années, en attendant que le ciel se déclare....
« *Si à toute force*, il vous faut une religion, l'amour,
« quand il est *pur*, en est une à sa façon. Vous avez
« de la fortune, de la naissance, vous êtes indépen-
« dant, vous pouvez vous en passer la folie ; les
« sens ne doivent pas être tout à fait sacrifiés, et
« *vous auriez grand tort de ne les compter pour*
« *rien*. Tous les sentiments cachent un calcul, et au
« fond, toutes les femmes se ressemblent. Qui dit
« l'une dit l'autre. Un peu plus tôt, un peu plus
« tard, la meilleure vous dupera ; et puis, d'ailleurs,
« vous-mêmes, pourvu que vous les amusiez, *vous*
« *êtes parfaitement quittes envers elles*. Elles se le
« tiennent pour dit ; et rien n'est plus facile, vous
« le verrez, que de s'en faire adorer. — Sans cela,
« que sait-on, que fait-on, qu'a-t-on vu, et la vie,
« qu'est-elle ? Néant, néant, néant, ce mot dit fort
« bien ce qu'il veut dire. On n'a goûté que la moitié

« des choses, et l'intimité est la plus délicieuse de
« toutes. » (1)

« Quand le spiritualisme, enseigne M. Phila-
« rête Chasles, eut fatigué l'humanité; lorsqu'elle
« fut lasse d'abnégation, qu'elle se sentit épuisée
« de macérations et de veilles..., il se fit une lente
« et progressive réaction du matérialisme contre le
« spiritualisme, et *du corps asservi contre l'âme im-*
« *périeuse....* Ainsi, après que le *spiritualisme eut*
« *compromis* SA PROPRE CRÉATION en l'exagérant,
« *il y eut retour progressif, par l'examen, à la ré-*
« *habilitation de la matière.* » (*Revue des deux mon-*
*des*, mars 1842, extrait de son Cours de littérature
étrangère, au Collége de France, *Quatre prêtres au*
*13ᵉ siècle.*)

(1) Serait-il vrai qu'au fort de leurs attaques contre le christianisme, MM. les professeurs Michelet et Quinet, en même temps
qu'ils recevaient une invitation à dîner à Vincennes, de M. le duc
de Montpensier, recevaient aussi deux longues lettres de félicitation
et d'encouragement d'Enfantin, chef du saint-simonisme? Nous
avons eu du moins entre les mains une copie de ces deux lettres,
telles qu'elles furent envoyées à tous les métropolitains du saint-
simonisme, en compagnie d'une autre adressée à un officier, favori
de l'empereur Nicolas, pleine d'éloges, et de *bons avis* sur la politique à suivre par son maître.

Nous lisons aussi dans les pièces justificatives de l'enquête : « Dé-
« position de M. Turch, représentant du peuple : Le 15 mai, j'é-
« tais à deux bancs de M. Edgar Quinet; malgré les invitations réi-
« térées des représentants qui l'entouraient, M. Quinet, colonel de
« la 11ᵉ légion, ne voulut pas aller faire battre le rappel. » Ce M.
Edgar Quinet est-il le même que l'auteur d'*Ahasvérus*, des Cours
intitulés : *Génie des religions ;* le même que le professeur du Collége de France, qui, pendant tant d'années, a attaqué, au nom
de l'état-Louis-Philippe, la religion catholique et son clergé ?

« Quant à ce qui concerne la réhabilitation de la
« matière, » dit M. le professeur des Législations
comparées, « j'y vois un effet *des doctrines du pan-*
« *théisme, qui incorpore* la matière dans Dieu même,
« et l'absout par cette assimilation. » Il ajoute plus
loin : « Sur un autre point, la nouvelle école (le
« saint-simonisme), fut hardie; elle nia (ainsi que le
« fouriérisme), l'existence du mal et prêcha la réha-
« bilitation de la matière. Y a-t-il du mal? y a-t-il
« du bien? Qu'est-ce que le mal? qu'est-ce que le
« bien? Il n'y a pas de mal! s'est-elle écriée. L'homme
« n'a point à lutter contre une puissance funeste ;
« ce qu'il a pris pour le mal n'est que *l'imperfec-*
« *tion de sa propre science et l'insuffisance de sa*
« *propre force....* Disparaissent à jamais les ténè-
« bres, les terreurs et la nuit du royaume de Satan ;
« l'enfer est un mensonge, le mal est une chimère ;
« l'homme n'a, dans le temps et dans l'espace,
« d'autre obstacle que lui-même ; ce sont ses
« propres illusions qu'il doit disperser avec son
« épée, comme des illusions menteuses. Cette le-
« vée de boucliers est audacieuse et bruyante....
« *Pour moi, je donne la main à cette insurrection.*
« *Je la crois* légitime *, et je la regarde comme un*
« *fruit naturel de la température de mon siècle.* »
(Lerminier, *du saint-simonisme. Revue des deux*
*mondes,* dépositaire de la plupart de ses leçons et
de celles des autres professeurs, tom. vii.)
« La thèse de Georges Sand (le communisme le
« plus large), a son côté vrai; et cette femme est

« un dialecticien comme le grand Arnault, *moins*
« *l'ennui de la matière.* » (Désiré Nisard, professeur
de Littérature à l'École normale, directeur d'une
des divisions du ministère de l'Instruction publique, *Mélanges de littérature*, tom. i. pag. 247.)

« Jetons un *dernier regard d'amour* sur cette
« œuvre immense de la république de Platon...,
« où les idées s'élèvent les unes sur les autres
« à une hauteur infinie.... Platon réclamait *le rè-*
« *gne des capacités*, *la communauté des biens*
« *et la communauté des femmes*, et construisait
« l'édifice de sa belle république *sur ces trois lar-*
« *ges bases.* Aristote, au contraire, véritable repré-
« sentant du calcul égoïste et mesquin, voulait la
« combinaison et la fusion des intérêts, la propriété
« immobilière et la famille. » (M. Férari, *Cours de*
*philosophie*, résumé par lui et imprimé chez l'édi-
teur des ouvrages des saints-simoniens et des fouriéristes, et encore *Univers*, n° 863.) Le professeur,
communiste sans déguisement, révoqué sur la
plainte des pères de famille, fut peu après reçu
agrégé ou licencié en philosophie, par M. Cousin
lui-même, à la suite d'un examen. Le livre de la
république de Platon était, du reste, la matière
obligée et officielle des examens pour *l'agréga-*
*tion* à l'enseignement d'état. ( *Voyez les Alma-*
*nachs de l'université*, entre autres, années 1835
et 1836.)

« La femme, esclave sous le paganisme, affran-
« chie par le christianisme, sera libre sous la reli-

« GION DE L'AVENIR. »(Gatien-Arnoult, *Doctrine philosophique*, pag. 405 et 406.)

« Le cours de philosophie de M. Laroque », professeur à Grenoble et ailleurs, puis recteur de l'académie de Cahors, « est, dans l'état actuel des cho-
« ses, » dit le *Journal de l'instruction publique*, ou
de l'enseignement d'état, n° 78, « un des meilleurs
« abrégés dont on puisse conseiller la lecture
« aux jeunes gens; ils y trouveront ce qu'on ren-
« contre rarement uni · dans les ouvrages de ce
« genre : *la doctrine saine, une morale pure et ai-
« mable, présentées dans un style élégant et sous
« des formes attrayantes....* En traitant de la vie fu-
« ture, il avait évité, dans ses premières éditions,
« de se prononcer formellement sur cette grave
« question de l'éternité des peines, qui partage les
« philosophes et les théologiens; dans la nouvelle,
« il se décide, au risque de soulever *de puissantes
« contradictions.* Il ne craint pas de repousser *ce
« dogme désespérant d'une religion mal comprise,
« et va jusqu'à dire *que rien n'est plus véritable-
« ment* IMPIE. » (Les jeunes gens y trouveront aussi)
« *ces graves dissertations sur les différences de l'a-
« mour sexuel et physique,* et de l'amour pur et pla-
« tonique, SUR LES AVANTAGES et les inconvénients
« DE LA POLYGAMIE, *et-même de la* POLYANDRIE. »

« Le principe du bien, » dit le Manuel officiel
de la philosophie d'état du professeur Mallet, « con-
« sidéré d'une manière absolue (comme la raison
« dans *la force à l'impersonnel,* ou dans le Dieu-

« tout), est un, éternel, toujours égal à lui-même,
« tandis que, dans ses applications (ou phénomè-
« nes), il devient *variable* et INDÉFINIMENT *extensible*.
« En d'autres termes, la notion du juste et de l'in-
« juste a existé de tout temps.... Mais appliquée
« aux actes humains, cette notion invariable dans
« sa nature (ou Dieu), ne l'a plus été dans le degré
« (ou l'homme); elle est tombée, comme tout ce
« qui est de l'homme, sous la loi de la *progressivité*. »
(*Manuel de philosophie*, adopté pour tous les colléges pag. 69, 70, 101, 102 et 105, etc.)

C'est d'après ces principes de morale que presque tous les professeurs de l'état, depuis vingt ans,
font l'éloge des gnostiques, des albigeois, des mu-
sulmans, des hussites, des protestants, et de toutes les insurrections à main armée qui tentèrent
de renverser autant qu'il était en elles, à travers
les meurtres, le pillage et l'incendie, la souveraineté de Dieu, pour y substituer celle de la raison
et des sens. C'est d'après ces principes que plusieurs
en sont venus publiquement et au milieu de leurs
élèves, à faire l'éloge, et de Marat, et de Robespierre,
et de tous les hommes de 93. Voici comme en parle
un des plus célèbres professeurs de province, M.
Gatien-Arnoult :

« Tous ensemble, papes, rois, seigneurs ou no-
« bles, prêtres, parlements, philosophes, tiers-
« état, tous tant qu'ils restaient, fuient, tombent,
« roulent, et sont dispersés comme les feuilles d'au-
« tomne par le vent d'hiver, au souffle de ces hom-

« mes terribles dont la *naïveté* brutale n'avait pas
« craint d'inscrire sur un drapeau de mort : Trem-
« blez ! voilà les bouchers ! Scènes SUBLIMES de dé-
« solation et de meurtre.... Ceux qui les firent, ap-
« paraissent aujourd'hui comme des géants, fléaux
« de Dieu, DIEUX EUX-MÊMES, détruisant l'antique
« France, comme jadis l'antique Ilion. SILENCE DONC
« à qui ose les accuser et les calomnier, les disant
« ignorants, faibles, ineptes ! SILENCE ! car, ne crai-
« gnez-vous pas qu'ils ne s'en indignent au fond de
« leurs tombeaux, et qu'un seul mouvement de leurs
« ombres ne suffise pour faire ouvrir le sol et vous
« engloutir ? Tel est le géant enseveli sous l'Etna. »
(*Doctrine philosophique*, pag. 189 et 247, et une
leçon de son cours, en présence du recteur Nouzei-
lhes, rapportée par les journaux, *Univers*, n° 820.)

M. Heguin de Guerle, professeur au collége de
Louis-le-Grand, inspecteur ensuite de l'académie de
Lyon, dans ses *Choix de littérature morale et religieuse*, donne aussi, comme morceau du genre, la
mort de Mirabeau, racontée ainsi par M. Thiers:
« Mirabeau fit ouvrir sa fenêtre : Mon ami, dit-il
« à Cabanis (athée et matérialiste fameux), je
« mourrai aujourd'hui; il ne reste qu'à s'envelop-
« per de parfums, qu'à se couronner de fleurs,
« qu'à s'environner de musique, afin d'entrer pai-
« siblement dans le sommeil éternel. Des dou-
« leurs poignantes interrompaient de temps en
« temps ces paroles *si nobles et si calmes*. Vous
« m'aviez promis, dit-il à ses amis, de m'épargner

« des souffrances inutiles. En disant cela, il de-
« manda de l'opium avec instance. Comme on le
« lui refusait, il l'exige avec sa violence accoutu-
« mée ; pour le satisfaire, on le trompe, et on lui
« présente une coupe, en lui persuadant qu'elle
« contenait de l'opium ; il la saisit, avale le breuvage
« qu'il *croyait* mortel, et paraît satisfait. Un instant
« après, il expire. »

Or, tous ces enseignements, comme les précé-
dents, sont descendus des écoles supérieures et secondaires aux écoles normales des maîtres des
écoles du peuple, avec une partie des livres qui les
contiennent et les journaux qui en font l'éloge ; ils
sont descendus par eux jusqu'à ces dernières écoles elles-mêmes avec la souveraineté de la raison.

« Nos sentiments, » dit le Manuel des écoles primaires, moyennes et normales, de M. l'inspecteur
Matter, celui qui a si artistement loué les gnostiques, sans excepter ceux mêmes qui font consister
la morale dans la communauté des biens et des
femmes (plus haut, pag. 56 et suiv.) « nos senti-
« ments sont, les uns, physiques, les autres, moraux :
« la douleur que nous cause une blessure est phy-
« sique, la douleur que nous cause la mort d'un
« ami est morale : il ne s'agit, dans l'éducation mo-
« rale, que des sentiments moraux.... Nos senti-
« ments moraux émanent, *d'un côté*, de dispositions
« primitives, de facultés naturelles dont notre âme
« a été douée par le *Créateur*, et *se développent*,
« *d'un autre côté*, par les sensations physiques de

« LA DOULEUR ET DU PLAISIR. Dès les premiers jours
« de la vie, NOS SENSATIONS RÉVEILLENT ET FORMENT
« NOS SENTIMENTS. *Nous aimons ce qui nous cause*
« *des sensations agréables*, CE QUI SATISFAIT NOS AP-
« PÉTITS NATURELS, *ce qui* FLATTE NOS INSTINCTS PHY-
« SIQUES; *nous haïssons tout ce qui les contrarie;*
« *nous regardons* LE PLAISIR COMME UN BIEN, LA DOU-
« LEUR COMME UN MAL. »

« *Le plaisir et la douleur sont ainsi nos premiè-*
« *res sensations*, L'AMOUR ET LA HAINE NOS PREMIERS
« SENTIMENTS, LES NOTIONS DU BIEN ET DU
« MAL, NOS PREMIÈRES IDÉES. Ces idées, ces
« sentiments, ces sensations, se rapportent au phy-
« sique; mais *telle est dans l'homme* LA LIAISON DU
« PHYSIQUE ET DU MORAL, *que, du physique, ces pre-*
« *mières leçons s'appliquent bientôt au moral.* »

« Ces sentiments viennent d'un principe ou d'une
« faculté de l'âme que nous appelons *sensibilité.*
« Elle nous est donnée avec notre nature. Elle vient
« du Créateur; *elle est conforme* AUX LOIS MORALES
« *qu'il a tracées pour tous les êtres raisonnables.*
« Ces lois ne sont autre chose que *la volonté di-*
« *vine*, et c'est parce que notre *sensibilité morale*
« *vient de Dieu*, que *notre volonté* doit *être con-*
« *forme à celle de Dieu.* On appelle volonté *la ré-*
« *solution que nous prenons d'agir en vertu de nos*
« *sentiments.* » (*De l'éducation morale*, chap. VIII.)

Ainsi, les lois morales *sont la volonté divine*, et
*la volonté divine est la sensibilité*, et *la volonté
humaine conforme à la volonté divine, est la résolu-*

*tion d'agir en vertu de nos sentiments.* Donc, tout ce qui est conforme *à la sensibilité,* ou *cause des sensations agréables ;* tout *ce qui flatte nos instincts physiques et satisfait nos appétits naturels, est moral ;* tout ce qui les contrarie est immoral ; voilà le bien que nous devons aimer, voilà le mal que nous devons haïr ; telles sont les notions du juste et de l'injuste, du bien et du mal. Qu'on trouve, si l'on peut, chez les peuples les plus barbares, chez les communistes les plus avancés, des principes de morale plus immoraux, plus destructeurs de toute vertu, de tout devoir, de tout dévouement réel, de tout ordre social.

« En présence du désert et de la belle vallée du Nil, » dit aussi l'historien des classes de sixième et des écoles normales primaires, « la pensée reli-« gieuse *conçut le dualisme des principes : le bien* « *et le mal,* la richesse et la fécondité.... » Et plus loin : « L'Asie soumet l'homme aux influences les « plus diverses, et détermine, on aura beau le nier, « son rôle historique et moral. La liberté humaine « proteste vainement contre ces lois fatales, il lui « faut plier le genou. *Dans cette vaste partie du* « *monde,* LES HOMMES RELÈVENT ET DÉPENDENT DU « SOL. » (Burette, *Cahiers d'histoire naturelle.* Cours de sixième, 2ᵉ cahier, pag. 97 et 98.) On y voit même notion matérielle du bien et du mal que dans MM. Damiron et Matter, même fatalisme que chez MM. Cousin et Jouffroy. Ce sont bien là, et dans les mêmes termes, les doctrines de Proudhon et du communisme : le mal , *le péché, c'est la misère*, et *la véritable vertu*, c'est le bien-être, l'égalité, *la lutte contre la religion*, ou le socialisme.

« Le bien, disent les *Entretiens sur la morale, de maître Pierre*, approuvés pour toutes les écoles d'adultes-hommes, et par conséquent, pour toutes les écoles normales primaires, « le bien a son exis-
« tence *substantielle* en Dieu : c'est donc ce qu'il y a
« de plus positif, puisque c'est l'être par excellence.
« Au contraire, ce *triste phénomène* que nous ap-
« pelons *le mal*, est une négation : c'est l'absence
« du bien, c'est la *ruine du bonheur, de la liberté,*
« *de la science.* Ce n'est point un être, ce n'est point
« un principe, c'est un simple phénomène dépourvu
« de toute réalité substantielle (ainsi que l'homme,
« les animaux, les plantes, les lois et les gouver-
« nements, comme a dit plus haut le grand-maître
« Cousin....) L'ACTE RÉALISÉ N'EST NI BON NI MAU-
« VAIS; *il flotte au milieu des agitations de la ma-*
« *tière, laisse sur son passage un désordre acciden-*
« *tel, et se perd dans le monde phénoménal; le mal*
« *n'est que dans l'intention de l'agent....* » (Pag. 62 et suiv.)

Or, dans le communisme, l'intention est bonne : le désir de se rendre heureux et d'affranchir le monde des servitudes de la propriété ; les moyens, assassinat, vol, incendie, guerres civiles, ne sont *rien*, tout au plus *un désordre accidentel qui se perd dans le monde phénoménal.* Qu'avez-vous donc, hommes de l'état, magistrats de l'état, d'après les enseignements obligatoires pour tous les Français, sous peine d'ilotisme, à y reprendre et à y punir, sans la plus monstrueuse contradiction?

« *La morale, à notre avis,* » dit le livre : *Instinct et mœurs des animaux*, donnés par l'état pour modèle aux écoles primaires d'hommes et de jeunes garçons, comme il donne aux colléges la conduite des boucs et des chèvres, dans la I^re idylle de Théocrite, prescrite pour le baccalauréat, « *la morale, à* « *notre avis, est la traduction du grand principe :* « *L'AMOUR DE SOI à l'usage des sociétés.* » (*Texte et développements*, pag. 4o3 et 498 et suiv. *Voyez aussi plus haut,* pag. 13g.) Le communisme ne peut trouver nulle part de meilleurs modèles et de plus grandes autorités, et ses écoles sont celles de l'état.

Aussi, un des premiers magistrats de nos Cours d'appel rapportait-il, il y a quelques années, à la Chambre des pairs, et plusieurs journaux ont-ils répété, en développant son récit, le témoignage suivant, qui corrobore admirablement tous les autres :

« Un ancien condisciple de M. Villemain lui aurait « amené ses enfants, et lui aurait demandé, avec « cet abandon que donnent la confiance et l'amitié, « de vouloir bien lui indiquer le collége de Paris « où ils pourraient être placés avec plus de sûreté « pour leurs mœurs, et plus de profit pour leur in- « struction. Touché d'une aussi franche ouverture, « et aussi de la fraîcheur, des grâces et de l'air « d'innocence de ces enfants, M. le grand-maître

« aurait répondu : Si tu m'en crois, mon ami, tu
« placeras tes enfants chez M. l'abbé ***; *les élèves*
« *de nos colléges , passé la troisième* , N'ONT PLUS
« LE SENS MORAL! » (*Union des provinces* , juin
1844. *Les dialogues sur la liberté d'enseignement*
citent le texte même du discours de M. Séguier,
pag. 113.)

Aussi, un autre grand-maître a-t-il dit, dans une
grande solennité : « VOUS SAVEZ QUE S'IL ARRIVE A
« UNE GÉNÉRATION DE FAIRE FAUSSE ROUTE , ON DE-
« MANDE QUELS MAITRES LA FORMÈRENT. » (Discours
pour la distribution des prix de concours, 1837.)

Mais c'est assez. Ces témoignages partout répétés
sont plus que suffisants pour démontrer jusqu'à
l'évidence, à quiconque n'est pas lui-même associé
au complot de détruire le règne de Dieu sur la terre,
quelles sont les vraies et les plus efficaces causes
doctrinales du communisme, si surtout l'on veut
bien réfléchir sur les développements que ces causes , une fois posées dans les écoles par douze ou
quinze ans d'enseignements, prennent ensuite dans
les récits et dans les faits appréciés et commentés
en conséquence par la presse de tous les jours,
dramatisés sous mille formes, par les romans et les
pièces de théâtre. Mais laissons parler sur ces développements une autorité non suspecte aux partisans de l'enseignement d'état.

« Dans cet intervalle (depuis 1830) , dit M. Charles Dupin (*Discours sur les rapports de la morale,
de l'enseignement et de l'industrie*), « combien peu

« d'efforts accomplis, ou seulement tentés, pour don-
« ner à toutes les classes de la société plus d'amour
« pour l'humanité, plus de respect pour les mœurs,
« plus de vénération pour le jeune âge et la vieil-
« lesse!... Combien, au contraire, d'entreprises dés-
« espérées afin de réduire, de la théorie (enseignée
par les écoles de l'état), « à la pratique, le mépris
« de tout bien social, de tout devoir domestique
« ou civil, de tout sentiment moral et religieux!
« Voyez les théâtres tenant école de corruption et
« de scélératesse, non plus comme au temps du
« vieux mélodrame, qui du moins finissait par im-
« moler le crime sur son boulevard favori..., mais
« au contraire, en foulant aux pieds les vertus les
« plus saintes, avec l'intention patente de faire ai-
« mer, admirer le duel, le suicide, l'assassinat, le
« parricide, l'empoisonnement, le viol, l'adultère,
« l'inceste, et préconisant ces forfaits, *comme la fata-*
« *lité glorieuse des esprits supérieurs*, (voyez plus
haut les citations des grands-maîtres et autres),
« comme un progrès des grandes âmes qui s'élèvent
« au-dessus de la vertu des idiots, de la religion des
« simples, et de l'humanité du commun du peuple...»
     « Et cette littérature empoisonnée nous ramène
« par la corruption à la barbarie. Aujourd'hui, le
« crime du suicide est descendu jusqu'à la classe
« ouvrière; il se commet le plus souvent pour des
« motifs frivoles, et se multiplie avec une effrayante
« rapidité; la contagion passe du sexe fort au sexe
« faible; de l'âge viril, où les passions bouillonnent

« et maîtrisent le cœur, il remonte jusqu'à l'ado-
« lescence et descend jusqu'à la vieillesse, que n'ar-
« rêtent plus les glaces de l'âge et le frein de l'ex-
« périence. Hélas! en apprenant ainsi à se jouer de
« sa propre vie, on apprend à se jouer également
« de celle de ses semblables. Voyez avec quelle ra-
« pidité se propage dans toute la France (aussi bien
que tous les autres crimes, contre les corps, contre
la pudeur et la propriété), « un crime qui, jusqu'à
« cette époque, semblait étranger au caractère na-
« tional... (1) »

Or, ces théâtres, qui les subventionne, par millions
prélevés sur nos budgets et sur la sueur des travailleurs? l'état. Qui en nomme les directeurs? l'état:
Qui en censure les pièces et les approuve? l'état.
Qui a mis en vogue le roman communiste, et fait
passer dans ses lubriques et infâmes pages, l'apologie

____________

(1) Cette cause vient d'être reconnue et avouée encore en pleine
assemblée nationale : « Le communisme a fait invasion dans la
monarchie, a dit M. Léon Faucher, par le feuilleton, comme, sous
la république, par le premier-Paris. » (Séance du 7 août.) « La petite presse, disait le lendemain M. Avond, a donné lieu à de grands
scandales; mais la grande presse, les journaux à cautionnement,
en ont-ils été exempts? (Non! non!) Avez-vous oublié ces publi-
cations sans nom, qui, depuis 1830 surtout, ont alarmé toutes les
consciences honnêtes? (C'est vrai! c'est vrai!) Qui pourrait nier
le mal produit par ces feuilletons, signés toujours par certains
noms dont la célébrité trop usurpée et de mauvais aloi a parcouru
nos provinces? Non-seulement la langue, le bon goût littéraire, les
saines traditions de notre littérature et de notre histoire, y étaient
sacrifiés, mais tous les sentiments honnêtes, toutes les vertus domestiques, la famille, l'honneur, la probité, y étaient sans cesse
sacrifiés. » (Séance du 8 août.)

de tous les attentats à la pudeur, de tous les crimes
contre la vie et les propriétés? les journaux de l'état-
Louis-Philippe, les journaux les plus universitaires;
les plus dévoués à l'enseignement d'état, les plus
âpres maintenant contre le communisme qu'ils ont
créé, propagé, exalté avec le plus audacieux cynisme! Vingt ans durant, l'état, qu'ils servaient,
devant qui ils se prosternaient à deux genoux
comme devant un Dieu, a amassé à grands frais
des monceaux de matières combustibles; lui-même
y a mis le feu aux quatre bouts, a appelé par leur aide
tous les vents pour propager l'incendie; et quand
la flamme monte, vaste, rapide, qu'elle s'étend au
loin de toutes parts et menace de tout envahir, de
tout consumer, ils font les étonnés, feignent la colère, et appellent à grands cris les proscriptions et
les échafauds contre les malheureux chauffeurs
qu'ils ont obligés ou appelés de mille manière à
recevoir et à nourrir le feu, et qui se sont montrés
trop dociles à mettre en pratique les enseignements
de l'*état*, objet de leurs quotidiennes louanges! Mais
comment les convaincre? comment les condamner?

Un tribunal *de l'état-Louis-Philippe-Guizot à* un
chef d'émeute, *pris blessé au sommet d'une
barricade.*

Quel âge avez-vous? Votre nom? votre profession?

### LE CHEE D'ÉMEUTE.

34 ans. — Pamphile — Bachelier ès lettres et docteur en droit.

### LE TRIBUNAL.

Vos antécédents.

### LE CHEF D'ÉMEUTE.

« Né de parents pieux, et dans un pays (Franche-
« Comté), où la foi catholique était encore pleine
« de vie au commencement de ce siècle, je fus ha-
« bitué de bonne heure à considérer l'avenir de
« l'homme et le soin de son âme comme la grande
« affaire de la vie. Je trouvais, dans les croyances
« du christianisme, une réponse pleine et entière à
« tous mes besoins et à toutes mes inquiétudes(1); »
et l'innocence et les vertus que ma mère m'avait
appris à pratiquer en me surmontant moi-même,
remplissaient mon âme de joie. J'avais 15 ans. Malheureusement une bourse dans un collége de l'État
tenta ma famille : j'en fus mis en possession. Le
professeur d'histoire fit naître mes premiers doutes
par ses déclamations et ses récits sans cesse répétés
contre la religion. Ces doutes grandirent bientôt
et se fortifièrent au milieu des exemples qui m'en-
vironnaient, des émeutes que nous improvisions
contre les surveillants *caffards*, et des livres que
nous étions obligés d'étudier et de lire, ou qui nous

(1) *Jouffroy*. Mutilation d'un écrit de Jouffroy, pag. 39.

étaient recommandés , comme le *Siècle de Louis
XIV*, les *Idylles de Théocrite*, les *Nouveaux mélanges de littérature* de M. Villemain, certains ouvrages de Rousseau et de Voltaire; et après ma rhétorique, je ne croyais déjà plus.

« La divinité du christianisme, une fois mise en
« doute à mes yeux, je sus alors qu'au fond de moi-
« même, il n'y avait plus rien qui fût debout; que
« tout ce que j'avais cru sur moi-même, sur Dieu
« et sur ma destinée en cette vie et en l'autre, je ne
« le croyais plus. (1) » Le panthéisme de M. Cousin, qui faisait le fond de toutes les leçons de mon
professeur de Philosophie, vint bientôt prendre la
place de ma vieille foi. Ma raison était souveraine;
Dieu était tout et tout était Dieu ; une inexorable
fatalité, appelée Providence par le vulgaire, entraî-
nait et décidait tout. *La grandeur consistait dans
le succès, quels qu'en fussent le principe et la fin.* Nos
penchants et tout ce que nous faisions pour les satisfaire, c'était l'humanité qui le faisait, et l'humanité , étant Dieu, avait toujours raison. Toutes
ces idées se développèrent dans ma tête, après ma
philosophie et pendant mon cours de droit, époque où je suivais, comme nous y étions engagés
par les règlements qu'on devait bientôt même éri-
ger en loi, les cours de la Sorbonne et du Collége de France, ceux surtout de MM. Guizot, Cousin, Lerminier, Ampère, Michelet, Chasles, etc.

(1) *Jouffroy.* Ibid, pag. 40.

Toutes ces idées, appliquées à la société actuelle, me montrèrent bientôt à quel despotisme, à quels vices elle était en proie. Je me liai à quelques amis saint-simoniens pour y porter remède; et ce moyen n'ayant pas réussi, nous résolûmes, devenus carbonaris ou communistes, d'avoir recours à la nécessité, à la force, cette grande maîtresse des révolutions, et la première et dernière raison de toute vraie politique. Vous savez le reste.

LE TRIBUNAL.

Mais la force n'est pas la loi.

LE CHEF D'ÉMEUTE.

C'est bien plus que la loi, car c'est elle qui la fait. Quand la force a triomphé, elle se formule; cette formule c'est la loi, la première des lois, la constitution elle-même.

LE TRIBUNAL.

Mais cette force, une fois constituée, devenue loi, vous convenez, du moins, qu'on lui doive soumission, obéissance.

LE CHEF D'ÉMEUTE.

Soumission, quand elle vous écrase sous elle, il le faut bien; mais obéissance, assentiment de mon intelligence et de ma volonté, quand ma volonté et mon intelligence la repoussent! Ayez la bonté de m'expliquer comment la chose serait possible, sans lâcheté et sans hypocrisie.

### LE TRIBUNAL.

Mais devant l'intelligence de l'état, l'intelligence particulière comprend facilement qu'elle doit s'incliner et obéir.

### LE CHEF D'ÉMEUTE.

Qu'est-ce que l'intelligence de l'état, M. le Président? L'intelligence sans doute de Louis-Philippe et de ses ministres, MM. Guizot, Thiers, Salvandy, ou tout autre. Mon intelligence ne comprend pas du tout qu'elle doive s'incliner devant la leur et lui obéir. L'enseignement d'état nous a constamment obligés à croire le contraire. Il m'a toujours enseigné que la raison de chaque homme était une incarnation de la Divinité, qu'il fût roi, ministre, philosophe ou simple particulier.

### LE TRIBUNAL.

Mais c'est l'anarchie!

### LE CHEF D'ÉMEUTE.

J'en suis fâché, mais ce n'est pas moi qui l'ai faite. J'ai toujours entendu dire par les maîtres d'état que ce que vous appelez anarchie, c'était l'indépendance de l'esprit humain, la liberté.

### LE TRIBUNAL.

Mais pourquoi ne pas s'en tenir alors à des moyens de raison, à la discussion amicale?

### LE CHEF D'ÉMEUTE.

Parce que vous-mêmes ne répondez à ces moyens de raison et de discussion amicale, quand ils touchent certains points, que par les Cours d'assises, les prisons, les amendes, le bannissement ou le bourreau, c'est-à-dire, la force, et que nécessité nous est bien alors d'employer d'autres arguments, et de répondre au code pénal par l'émeute et au bourreau par les coups de fusil. Tous les avantages des armes restent même de votre côté.

### LE TRIBUNAL.

Mais alors, la société n'est plus qu'un duel entre les pouvoirs et le peuple, entre les riches et les pauvres, entre les hommes d'ordre et les factieux.

### LE CHEF D'ÉMEUTE.

Un duel, M. le Président, entre la force qui jouit et la force qui veut jouir. Encore une fois, c'est l'enseignement de l'état, l'enseignement qu'on oblige tous les Français de recevoir. Ne serait-il qu'un agent provocateur pour jeter en proie à l'exil ou à la guillotine toute âme généreuse qui sait tirer une conséquence d'un principe, et unir ensemble deux idées ?

### LE TRIBUNAL.

Accusé, prenez garde, vous aggravez votre faute.

### LE CHEF D'ÉMEUTE.

Je la légitime pleinement aux yeux de tous les hommes de bonne foi.

### LE TRIBUNAL.

Vous légitimez, sans doute, pleinement aussi, les assassinats des pères de famille et des braves défenseurs de la patrie, qui sont tombés pour le maintien de l'ordre sous les coups de fusil de vos barricades ?

### LE CHEF D'ÉMEUTE.

Ce n'est pas moi qui les légitime, M. le Président, c'est l'enseignement et la morale que l'état nous a forcés de recevoir de lui. D'abord, pourquoi sont-ils venus se mettre sous la portée de nos fusils? Ce n'est pas nous qui sommes allés les chercher. Ils y avaient sans doute un bien grand intérêt, car c'est encore l'enseignement d'état qui nous a appris que se battre, s'exposer, se dévouer *pour un être non moi, pour une existence étrangère, est une hypothèse absurde.* S'ils sont venus pour défendre leurs intérêts, ces intérêts étant opposés aux nôtres, comment y aurait-il crime de notre part à faire pour nous ce qu'ils faisaient pour eux, et à nous servir des mêmes moyens pour arriver à une fin semblable ? En vain je réfléchis, j'examine, je sonde ma conscience, aux lumières de l'enseignement d'état: elle ne me reproche rien.

### LE TRIBUNAL.

Dans ce cas, il n'y a plus de crimes possibles : vols, assassinats, guerre civile, pillage, incendie, tout devient permis.

### LE CHEF D'ÉMEUTE.

Tout devient vertu, grandeur, si l'on réussit ; les massacres les plus épouvantables, les plus grands carnages, n'y font pas même obstacle. C'est M. le grand-maître Cousin qui l'a enseigné au nom de l'état, et c'est l'état qui m'a obligé, moi, pour être bachelier et pouvoir être docteur en droit, à recevoir et à adop-ter cet enseignement. *Le mal, le crime, d'ailleurs, n'existent pas; le mal est une chimère ; ce qu'on doit dire de lui, c'est qu'il est imparfaitement bon. Tous les faits extérieurs ne sont rien , tout au plus quel-que désordre accidentel qui va se perdre dans le monde phénoménal. Si le mal était quelque part, ce serait peut-être dans l'intention, quoique l'hom-me ne puisse pas plus répondre de ses opinions que les siècles des leurs.* Mais notre intention était ex-cellente : nous ne voulions que le bien du pays et le progrès social.

### LE TRIBUNAL.

Le code pénal vous répondra.

### LE CHEF D'ÉMEUTE.

Je ne savais pas qu'il renfermât quelque article contre la logique ; la force n'en sera que plus brutale.

Du reste, que m'importe de rentrer un peu plus tôt ou un peu plus tard dans le sein du grand Tout, d'où son activité infinie nous a tous nécessairement tirés, en diversifiant ses formes à l'infini; plus tôt j'y rentrerai, plus tôt il sera obligé de m'en tirer de nouveau, plante ou pierre, aigle ou lion, législateur ou conquérant. C'est l'immortelle espérance que m'a donnée encore l'enseignement de l'état, et que ses tribunaux ne pourront me ravir (1).

Cependant, l'émeute a relevé la tête; elle s'avance, échevelée, menaçante, terrible, pour délivrer les prisonniers. Le canon tonne de nouveau; la fusillade se fait entendre de plus près; on se mêle, on s'égorge jusque dans l'enceinte des juges; et des hommes ivres de sang hurlent, en brandissant leurs armes :

> Aux armes, citoyens! formez vos bataillons.
> Tuons, brûlons.
> Aux plus hardis et femmes et maisons.

## C'ÉTAIT LE COMMUNISME !

Et la logique disait à la morale de l'enseignement d'état, aux citoyens qui ont courbé leurs

(1) Pendant toute une année, a dit la *Gazette de Lyon*, M. le professeur de philosophie Bouiller a transformé, à l'usage des Lyonnais, son cours de philosophie en un cours de métempsycose dans ce genre-là.

âmes devant une si honteuse tyrannie, aux pères et mères qui lui ont livré leurs enfants, aux juges qui ont fait fermer les maisons d'éducation qui voulaient s'y soustraire :

## DANS VOS PRINCIPES, IL A RAISON !

# VIII.

## RÉSUMÉ DES CAUSES DOCTRINALES DU COMMUNISME OU DE L'ENSEIGNEMENT D'ÉTAT.

*M. le grand-maître Cousin sous la soutane* GENEVOISE *du* VICAIRE SAVOYARD.

*Mentita est iniquitas sibi.*
L'impiété s'est prise dans ses propres piéges. (*Psalm.* 26 , *v.* 12.)

« On sait, dit un journal (1), que l'académie des
« sciences morales et politiques, sur l'invitation du
« chef du pouvoir exécutif, a résolu de favoriser la
« propagation de petits traités sur la morale, la
« politique et les principes d'économie sociale ,
« dans le but d'éclairer les classes laborieuses. Déjà
« M. Blanqui a été chargé par l'Institut de voyager
« pour étudier les moyens de venir en aide aux
« classes souffrantes ; M. Mignet fait des rapports
« sur le même sujet, et l'illustre M. Thiers, inter-
« rompant ses brillants récits *du Consulat et de*
« *l'Empire*, prépare la publication d'un livre sur
« les *Droits de la propriété.* Le plus célèbre philo-

(1) *L'Ami de la Religion*, 30 août 1848.

« sophe de l'université ne pouvait pas rester silen-
« cieux et oisif durant cette croisade entreprise par
« ses amis politiques contre le socialisme..... »

« Puisqu'au nom de la philosophie, dit-il, on
« verse sans relâche dans l'âme du peuple *tous les*
« *poisons du matérialisme et de l'athéisme*, n'est-ce
« pas le devoir d'une philosophie généreuse de
« disputer le peuple à ses corrupteurs, *d'opposer*
« *l'apostolat du bon sens et de la vertu* à celui du
« mensonge et du crime, et d'essayer à son tour de
« pénétrer dans l'atelier de l'artisan et sous le toit
« du pauvre, pour y faire arriver des vérités salu-
« taires et des lumières pacifiques? »

« Qui trouvera des accents assez forts pour se
« faire entendre de la foule et accréditer auprès
« d'elle la philosophie? Les grands métaphysiciens
« ont écrit pour leurs pareils, ou du moins pour
« un très-petit nombre. Les beaux traités de Bos-
« suet et de Fénélon sur l'existence de Dieu, sur la
« connaissance de Dieu et de soi-même, déjà plus
« accessibles, demandent cependant, pour être
« compris, des connaissances préliminaires assez
« étendues; ils appartiennent encore à la métaphy-
« sique savante; enfin, ils ne sont pas assez courts
« pour servir de bréviaire à des hommes de peu de
« loisir. »

« A défaut de mieux, voici quelques pages recom-
« mandées aussi par le grand nom de leur auteur,
« où toutes les vérités dont l'homme a besoin sont
« exposées avec une rigueur parfaite, et sous la

« forme la plus lumineuse, la plus saisissante, la
« plus dramatique. »

« La profession de foi du *Vicaire savoyard* est
« sans contredit le meilleur écrit de Rousseau; c'est
« même le seul qu'une saine philosophie puisse
« avouer tout entier. La raison en est qu'il n'y a
« presque rien du sien, ni dans les idées qu'il dé-
« veloppe, ni dans les arguments dont il se sert.
« Les unes appartiennent à la tradition permanente
« du genre humain, les autres sont empruntées aux
« philosophes les plus autorisés..... Nulle part ce
« talent n'a trouvé, avec une matière plus illustre,
« une perfection plus achevée. C'est ici le triomphe
« de cette parole enflammée et savante, et de cette
« forte dialectique, trop souvent ailleurs au service
« du paradoxe, cette fois au service de la vérité,
« du bon sens et de la vertu. Le Vicaire savoyard,
« c'est Rousseau lui-même, avec tout ce qui le fait
« grand et presque seul dans son siècle : le goût du
« beau et du bien poussé jusqu'à la passion ; l'en-
« thousiasme de l'honnête dans une société corrom-
« pue; une logique austère parmi des raisonneurs
« efféminés ; une imagination tendre, profonde,
« mélancolique, à côté de froids beaux-esprits ou
« de violents déclamateurs. » (Préf. par M. Cousin.)

C'est, en effet, un des plus parfaits résumés de
l'enseignement universitaire ou d'état, un des plus
opposés à la vérité, au bon sens, à tout ce qu'on
nomme vertu par le monde, un foyer de scepticisme et d'immoralité, la quintessence de toutes les

sources les plus fécondes de l'anarchie intellectuelle et du communisme. Qu'on en juge par les rapides extraits que nous en allons faire, et par eux, de tout l'enseignement universitaire ou d'état. Nous ne pouvons pas mieux résumer nous-même toutes les preuves que nous venons de donner sur ces sources du communisme.

— POINT DE DÉPART *dans la recherche de la vérité:* trois souverainetés contradictoires: LA CONSCIENCE, L'INSTINCT ET LA RAISON, OU ANARCHIE et SCEPTI-CISME COMME PRINCIPE. (1)

Je lis (pag. 59.): « *La conscience est la voix de* « *l'âme ;* les passions sont la voix du corps. Est-il « étonnant que souvent *ces deux langages se con-* « *tredisent ?* et alors, lequel faut-il écouter? *Trop* « *souvent la raison* NOUS TROMPE ; nous n'avons que « trop acquis *le droit de la récuser :* mais *la con-* « *science ne trompe* JAMAIS ; *elle est le vrai guide de* « *l'homme ; elle est à l'âme ce que l'instinct est au* « *corps ; qui la suit, obéit à la nature* ET NE CRAINT « POINT DE S'ÉGARER. »

Donc déjà, *deux guides infaillibles : l'un pour l'âme, l'autre pour le corps,* et deux guides cependant, parlant, d'après lui et dans ces quatre lignes, deux langages contradictoires. Le troisième, la raison, au contraire, trop souvent nous trompe, et nous n'avons que trop acquis le droit de la récuser.

_______

(1) J'ai sous les yeux *La profession du Vicaire savoyard,* édit. des OEuvres complètes de Rousseau, imprimerie de Didot, librairie de Déterville et Lefèvre, tom. VI, 4ᵉ *livre de l'Émile,* pag. 12.

Or, dix pages plus loin (69), il dit : « Connaître
« le bien, ce n'est pas l'aimer ; l'homme n'en a pas la
« connaissance innée : mais sitôt que *sa raison le lui*
« *fait connaître*, *sa conscience* le porte à l'aimer ;
« c'est ce sentiment qui est inné. »

Ainsi, voilà la conscience, ce guide infaillible
naguère, placée maintenant dans la dépendance
absolue de la raison trompeuse, récusée tout à
l'heure, à toutes sortes de droit. La conscience, par
elle-même, est aveugle ; elle ne connaît le bien, et
par conséquent le vrai, et ne peut les aimer qu'autant que la raison les lui fait connaître. *Il* (l'homme)
*choisit le bon, comme il a jugé le vrai; s'il* JUGE FAUX,
*il choisit* MAL. (pag. 46.) La conscience est donc aussi
sujette à s'égarer que la raison même. Ailleurs, et
presque à chaque page, il déclare de nouveau que
la règle souveraine des croyances dogmatiques et
morales, c'est cette même raison, qui si souvent
nous trompe et que nous avons trop de droit de
récuser. *Mon entendement borné ne conçoit rien
sans bornes*, dit-il; *tout ce qu'on appelle infini m'é-
chappe;* QUE PUIS-JE NIER, AFFIRMER ? QUELS RAISON-
NEMENTS PUIS-JE FAIRE SUR CE QUE JE NE PUIS CONCE-
VOIR ? (pag. 52.)

Il dit encore (note de la page 60) : « La philoso-
« phie moderne, qui *n'admet* QUE CE QU'ELLE EXPLI-
« QUE, n'a garde d'admettre *cette obscure faculté ap-
« pelée* INSTINCT, qui paraît guider sans aucune con-
« naissance acquise, les animaux vers quelque fin. »
Et il s'efforce de prouver que ce guide doit être

admis , quoiqu'on ne puisse ni l'expliquer ni le comprendre.

Donc, à la base de toute doctrine, de toute recherche de la vérité , contradiction absolue, scepticisme inévitable et qui va tout diriger. Suivons , dans ses détails, la profession de foi.

— Dieu : « Cet être qui veut et qui peut, cet être « actif par lui-même, dit-il (pag. 37.), cet être enfin, « quel qu'il soit, qui meut l'univers et ordonne tou- « tes choses, je l'appelle Dieu. Je joins à ce nom les « idées d'intelligence, de puissance, de volonté, que « j'ai rassemblées , et celle de bonté qui en est une « suite nécessaire : mais je n'en *connais pas mieux* « *l'être* auquel je l'ai donné ; il se dérobe également « à mes sens et à mon entendement ; plus j'y pense, « plus je me confonds : je sais très-certainement « qu'il existe et qu'il existe par lui-même....., mais « sitôt que je veux le contempler en lui-même, sitôt « que je veux chercher où il est, ce qu'il est, quelle « est sa substance, il m'échappe, et *mon esprit trou-* « *blé* n'aperçoit plus rien. »

Il ajoute encore (pag. 58.) : « Que si je viens à « découvrir successivement ces attributs, dont *je* « *n'ai nulle idée absolue*, c'est par des conséquences « forcées, *c'est par le bon usage de ma raison : mais* « *je les affirme* sans les comprendre, et dans le « fond, c'est n'affirmer rien. J'ai beau me « dire : Dieu est ainsi, *je le sens*, je me le prouve, *je* « *n'en conçois pas mieux comment Dieu peut être* « *ainsi*. Enfin, plus *je m'efforce de contempler son*

« *essence infinie, moins je la conçois ;* mais elle est,
« cela me suffit ; *moins je la conçois , plus je l'a-*
« *dore..... »*

Rapprochons ces passages des principes posés
en commençant, et de leurs contradictoires partout
ailleurs : « Les plus grandes idées de la Divinité nous
« viennent PAR LA RAISON SEULE ( pag. 81.); » et
par elle, on vient de dire que l'on ne conçoit rien
de Dieu, que tout ce que l'on en affirme, on l'affirme
sans le comprendre, qu'on n'en a aucune idée absolue ; qu'*on ne conçoit pas même* COMMENT DIEU
PEUT ÊTRE AINSI, et que, dans le fond, c'est tout
comme si l'on n'en affirmait rien.

Et (pag. 92.): « Le Dieu que j'adore *n'est point*
« *un Dieu de ténèbres ;* il ne m'a point doué d'un
« entendement pour m'en interdire l'usage : me dire
« de soumettre ma raison , c'est outrager son au-
« teur. » Et enfin : « Mon entendement borné *ne*
« *conçoit rien sans bornes ; tout ce qu'on appelle*
« INFINI *m'échappe.* Que puis-je nier , affirmer ?
« Quels raisonnements puis-je faire *sur ce que je*
« *ne puis concevoir ?* » Or, Dieu est infini , il est
sans bornes, ou il n'est pas ; donc, je ne puis ni le
nier, ni l'affirmer, ni faire sur lui aucun raisonnement.

Donc, sur Dieu même, négation, scepticisme et
contradiction.

— DIEU CRÉATEUR OU LA CRÉATION : « Le monde
« est-il éternel ou créé ? Y a-t-il un principe unique
« des choses ? Y en a-t-il deux ou plusieurs ? Et quelle

« est leur nature ? Je n'en sais rien , et que m'im-
« porte ? »

Ainsi, il ne sait pas et il lui importe peu de savoir s'il y a un ou plusieurs dieux, ou si tout est
Dieu ?

Mais s'il y a un ou plusieurs dieux , il nous importe beaucoup de savoir duquel nous dépendons
et en quoi ; ce qu'ils nous commandent ou nous
défendent; ce que nous avons à en espérer ou à en
craindre. L'indifférence sur toutes ces choses, c'est
l'irréligion ; elle équivaut à l'athéisme , et nous lisons plus loin (pag. 127.) : « Sortez de là , de la
« croyance en un être suprême et en une autre vie,
« je ne vois qu'injustice , hypocrisie et mensonges
« parmi les hommes, etc... » Et ailleurs. (pag. 121.) :
« L'irréligion concentre toutes les passions dans la
« bassesse de l'intérêt particulier, dans l'abjection
« du *moi* humain, et sape ainsi à petit bruit les vrais
« fondements de toute société ; car ce que les inté-
« rêts particuliers ont de commun est si peu de
« chose, qu'il ne balancera jamais ce qu'ils ont d'op-
« posé.... » Et un peu plus loin ( pag. 122. ) : « *l'a-*
« *théisme, ou l'indifférence philosophique*, ressem-
« ble à la tranquillité de la mort ; *elle est plus des-*
« *tructive que la guerre même.* »

Si tout est Dieu , au contraire, chaque homme
en a sa portion et ne doit rien aux autres ; et nous
voilà en plein panthéisme, et, par conséquent, en
plein communisme.

Sur ce sentiment, du reste, le Vicaire savoyard,

comme sur toutes les autres questions, dit oui et non selon la page.

« Si Dieu, dit-il (pag. 57.), a créé la matière, les « corps, les esprits, le monde, *je n'en sais rien*. L'idée « de la création me confond et passe ma portée; je « la crois autant que je la puis concevoir : mais je « sais qu'il a formé l'univers et tout ce qui existe; « qu'il a tout fait, tout ordonné. Dieu est éternel, « sans doute, mais mon esprit peut-il embrasser l'idée « de l'éternité? Pourquoi me payer de mots sans « idée? » Mais si l'éternité n'est pas une idée, si l'on ne peut l'admettre pour Dieu, en est-elle plus compréhensible et plus idée par rapport au monde et à tout ce qui existe. Donc, nous ne pouvons admettre l'éternité ni de l'un ni de l'autre. Or, qu'est-ce qu'un Dieu qui n'est point éternel, qui a eu un commencement, et qui, par conséquent, aura une fin? car l'éternité est aussi incompréhensible en remontant, qu'incompréhensible en descendant. Et si ce Dieu, monde ou autre, a eu un commencement, qui le lui a donné et l'a fait ce qu'il est? Nous voilà donc de nouveau en plein athéisme et en plein absurde. Il ajoute :

« Ce que je conçois, c'est *qu'il est avant les cho-* « *ses*, qu'il sera tant qu'elles subsisteront, et qu'il se- « rait même au delà, si tout devait finir un jour. » Or, si Dieu était avant les choses, c'est-à-dire, avant qu'elles existassent, il faut donc de trois choses l'une: ou qu'il les ait créées de rien, ou qu'il les ait tirées de lui-même, ou qu'elles-mêmes, avant

d'être, se soient créées de leur propre néant. Dans
le premier cas, c'est la création, qu'il vient de re-
jeter comme incompréhensible ; dans le second ,
c'est la contradiction de ce qu'il vient de dire, car,
si Dieu a tiré les choses de lui, elles coéxistaient
dans lui, aussi anciennes que lui : il ne pouvait
donc être avant elles. Dans le troisième cas, c'est
une absurdité comme il ne s'en est jamais produit
aux petites maisons. Mais continuons ; il va de nouveau nier tout ce qu'il vient de dire.

« Qu'un être que *je ne conçois pas* donne l'exis-
« tence à d'autres êtres, cela n'est qu'obscur et in-
« compréhensible (et par conséquent, doit être re-
« jeté); mais que l'être et le néant se convertissent
« d'eux-mêmes l'un dans l'autre, c'est une contradic-
« tion palpable, c'est une claire absurdité. » Ce qui
signifie, si toutefois il y a dans ces mots un sens
quelconque, que Dieu n'a pu rien tirer du néant,
que nous et le monde avons l'être de nous-mêmes
aussi bien que lui, et que nous sommes, par conséquent, Dieu comme lui. Et nous voilà de nouveau
en plein panthéisme, en plein matérialisme, en
plein communisme, en plein absurde, et dans la
plus vaste et la plus irrémédiable anarchie.

Il dit, du reste, avec M. Cousin et tout l'enseignement
universitaire (pag. 49.) : « Celui qui peut tout, étend,
« pour ainsi dire, son existence avec celle des êtres.
« Produire et conserver sont l'acte perpétuel de la
« puissance ; elle n'agit point sur ce qui n'est point.»
Ce qui est la confession claire d'une substance uni-

que, et affirmer encore une fois que tout est Dieu.
Et pourtant (pag. 42.), il démontre qu'il est impossible de n'admettre qu'une seule substance, parce
qu'il y en a dont *les qualités primitives s'excluent
mutuellement*, comme l'esprit et la matière, et *qu'il
y a autant de diverses substances qu'on peut faire
de pareilles exclusions.*

C'est donc, comme on voit, c'est toujours contradiction sur contradiction, le pour et le contre,
le oui et le non sur tout et en tout, le plus inimagi-
nable, le plus absurde scepticisme.

Il en est de même *de l'âme, d'une autre vie, de
l'immortalité*, de tout ; il affirme, il nie, il doute,
il ne sait pas. « Nous n'avons point, dit-il (pag. 17.),
« tout en commençant, la mesure de cette machine
« immense ; nous n'en pouvons calculer les rapports ;
« nous n'en connaissons ni les premières lois ni la
« cause finale ; nous nous ignorons nous-mêmes ;
« nous ne connaissons ni notre nature ni notre prin-
« cipe actif ; à peine savons-nous si l'homme est un
« être simple ou composé ; *des mystères impénétra-
« bles nous environnent* de TOUTES PARTS ; ils sont au-
« dessus de la région sensible ; pour les percer, *nous
« croyons avoir* de l'intelligence, et *nous n'avons que
« DE L'IMAGINATION.* Chacun se fraye, à travers ce
« monde imaginaire, une route *qu'il croit la bonne ;*
« NUL NE PEUT SAVOIR SI LA SIENNE MÈNE AU BUT.... Il ne
« m'est pas plus possible de concevoir comment ma
« volonté meut mon corps, que comment mes sen-
« sations affectent mon âme. Je ne sais pas même

« pourquoi l'un de ces mystères a paru plus expli-
« cable que l'autre. Quant à moi, soit quand je suis
« passif, soit quand je suis actif, le moyen d'union
« des deux substances me paraît absolument incom-
« préhensible.... (pag. 3o.) » Or, « que *puis-je nier*,
« *affirmer? Quels raisonnements puis-je faire sur ce*
« *que je ne puis concevoir ?* (pag. 52. ) » Il affirme
pourtant qu'il a une âme, *sans savoir quelle est son*
*essence*, ce qui ne l'empêche pas de la dire spirituelle, et d'ajouter immédiatement : « Je ne puis
« raisonner sur (ce que je ne conçois pas), *sur des*
« *idées que je n'ai pas....* » Et un peu plus loin : 
« Quand j'entends dire que mon âme est spirituelle
« et que Dieu est un esprit, je m'indigne contre cet
« avilissement de *l'essence divine*, *comme si Dieu et*
« *mon âme* ÉTAIENT DE MÊME NATURE! » (pag. 56.)

Il semble admettre l'enfer; il semble en douter;
il s'écrie enfin : « Qu'est-il besoin d'aller chercher
« l'enfer dans l'autre vie? il est dès celle-ci dans le
« cœur des méchants. » (pag. 5i. 54 et 55.) Il n'y a
qu'un petit inconvénient à cette croyance: c'est que
les méchants s'accommodent de ce châtiment sans
trop se plaindre, car il n'y en a pas un presque qui
ne désirât de le voir, ainsi que leur vie, durer toujours.

Il nie le péché originel, et il dit qu'il y a dans
nous des combats inexplicables; il nie la prière, et
il prie; il nie la présence réelle et toutes les cérémonies du culte, et il dit la messe et observe ses
cérémonies avec la plus scrupuleuse exactitude.

« C'est avoir, dit-il, une vanité bien folle de s'ima-
« giner que Dieu prenne un si grand intérêt à la
« forme de l'habit du prêtre, à l'ordre des mots
« qu'il prononce, aux gestes qu'il fait à l'autel et
« à toutes ses génuflexions. Eh! mon ami, reste de
« toute ta hauteur, tu seras toujours assez près de
« terre. » (page 82.) Et quelques pages plus loin
(113.) on lit : « Autrefois (quand je croyais), je
« disais la messe avec la légèreté qu'on met à la lon-
« gue aux choses les plus graves, quand on les fait
« trop souvent; depuis *mes nouveaux principes* (de-
« puis que je ne crois plus), je la célèbre avec plus
« de vénération ; je me pénètre de la majesté de
« l'être suprême, de sa présence, de l'insuffisance de
« l'esprit humain, qui conçoit si peu ce qui se rap-
« porte à son auteur. En songeant que je lui porte
« les vœux du peuple sous une forme prescrite , je
« suis avec soin tous les rites ; je récite attentive-
« ment ; je m'applique à n'omettre jamais *ni le moin-
« dre mot, ni la moindre cérémonie ;* quand j'appro-
« che du moment de la consécration, je me recueille
« pour la faire avec toutes les dispositions qu'exigent
« l'Église et la grandeur du sacrement ; je tâche
« *d'anéantir ma raison devant la suprême intelli-
« gence ;* je me dis : Qui es-tu pour mesurer la puis-
« sance infinie ? etc. »

Il nie la philosophie, il nie la foi, il nie toutes
les religions comme fausses et inventées par les
hommes ; et il admet tous les cultes, toutes les
superstitions, et veut que chacun suive celui ou
celle de son pays.

Il nie les miracles, il nie les prophéties, il nie tout ce qu'il ne comprend pas, et il admet des mystères sans nombre, plus que des mystères, les plus palpables et les plus absurdes contradictions.

Il admet l'Évangile, comme sublime, admirable, impossible à inventer, et son héros, Jésus-Christ, comme Dieu; et au même instant, il les rejette comme renfermant et supposant des choses incompréhensibles, et par conséquent, incroyables.

Il fait extérieurement profession du catholicisme, quoiqu'absurde, et il dit à un protestant qui s'est fait catholique de retourner à Calvin; que de toutes les religions qui sont sur la terre, le protestantisme, ou la négation, est celle dont la morale est la plus pure et dont la raison se contente le mieux. (pag. 119.)

Il en est de la morale comme du dogme, de la vertu comme des croyances : « Toute la moralité « de nos actions est dans le jugement que nous en « portons nous-mêmes. Or, le jugement est un acte « de la raison, et *trop souvent la raison nous trompe,* « *et nous n'avons que trop acquis le droit de la récu-* « *ser.* Et ailleurs : « L'homme choisit le bon, comme « il a *jugé le vrai; s'il juge faux, il choisit mal.* La « conscience est subordonnée *à la raison, qui seule* « *peut lui faire connaître le bien qu'il faut aimer.* Et « cependant, je suis combattu sans cesse par mes « sentiments naturels, qui parlent pour l'intérêt com- « mun, et par ma raison, qui rapporte tout à moi....

« On a beau vouloir établir la vertu par la raison
« seule, quelle solide base peut-on lui donner ? La
« vertu, disent-ils, est l'amour de l'ordre. Mais cet
« amour peut-il donc et doit-il l'emporter en moi sur
« celui de mon bien-être ? Qu'ils me donnent une rai-
« son claire et suffisante pour le préférer. » (pag. 72.)
Et plus haut : « Les sentiments les plus incontes-
« tablement innés sont *l'amour de soi, la crainte de*
« *la douleur, l'horreur de la mort, le désir du bien-*
*être.* » (pag. 68.) Et encore : « Si la conscience est
« l'ouvrage des préjugés, j'ai tort sans doute, et il
« n'y a point de morale démontrée ; mais si *se préfé-*
« *rer à tout est un penchant naturel à l'homme,* et
« si pourtant, le premier sentiment de la justice est
« inné dans le cœur humain, *que celui qui fait*
« *de l'homme un être simple, lève ces contradictions,*
« *et je ne reconnais plus qu'une substance. (pag.42.)*»

Enfin : « Philosophe, tes lois morales sont fort
« belles, mais montre-moi de grâce la sanction. Cesse
« un moment de battre la campagne, et dis-moi net-
« tement ce que tu mets à la place du *poul-serrho,* »
ou l'enfer. (pag. 124.)

Donc, doute, négation, anarchie et scepticisme
en morale, comme en dogmes et en croyances, avec
toutes leurs conséquences communistes.

Du reste, il dit dès le commencement : « Je con-
« sultai les philosophes, je feuilletai leurs livres,
« j'examinai leurs diverses opinions ; je les trouvai
« tous fiers, affirmatifs, dogmatiques, même dans
« leur scepticisme prétendu, n'ignorant rien, ne prou-

« vant rien , *se moquant les uns des autres ; et ce*
« *point commun à tous* me parut *le seul sur lequel*
« *ils ont tous raison.* Triomphants quand ils atta-
« quent, ils sont sans vigueur en se défendant. Si
« vous pesez les raisons , *ils n'en ont que pour dé-*
« *truire ;* si vous comptez les voix , *chacun est réduit*
« *à la sienne ;* ils ne s'accordent que pour disputer....
« Je conçus que L'INSUFFISANCE DE L'ESPRIT HUMAIN
« est la première cause de cette prodigieuse diver-
« sité de sentiments, et que L'ORGUEIL est la secon-
« de. » (pag. 16 et 17.)

Et en finissant son exposition la plus dogmatique, il s'exprime ainsi : « Pour être de bonne foi,
« je ne me crois pas infaillible : *mes opinions, qui me*
« *semblent les plus vraies* , *sont peut-être* AUTANT
« DE MENSONGES, car quel homme ne tient pas aux
« siennes, et combien d'hommes sont d'accord en
« tout? » (pag. 78.)

Quant au prétendu Vicaire savoyard, que tout le
monde comprend bien n'être autre que le cynique
Genevois dont l'immoralité est devenue prover-
biale, on lui fait dire dès le commencement, que,
fils de pauvre paysan et destiné à labourer la terre,
il n'a voulu *faire le métier de prêtre* que pour manger, qu'il s'est laissé ordonner sans savoir ce qu'il
faisait, par bêtise ; qu'il avait bientôt été interdit
par un évêque intolérant, à cause de son inconti-
nence publique, *défaut* qu'il a toujours conservé
et entretenu comme vertu de nature ; qu'il est re-
venu à la messe par hypocrisie, et qu'il désirerait

devenir curé dans une paroisse où il y eût des protestants , pour le plaisir de leur dire qu'ils ne sont pas damnés. (pag. 13, 14, 9, 113 et suiv.)

Tel est l'impur et absurde fatras , le cours de scepticisme et de panthéisme, que le plus célèbre professeur de l'état , après en avoir , au nom de l'état, saturé pendant vingt ans la jeunesse de toutes les écoles, vient de nouveau, et toujours au nom de l'état, jeter en pâture au communisme, pour lui inspirer le respect de la famille et de la propriété.

C'est de l'eau fangeuse opposée comme digue à une inondation qui monte toujours ; des amas de soufre lancé pour l'éteindre, au foyer de l'incendie.

C'est un tissu de contradictions palpables, de doutes et d'absurdités sans nom , que le représentant le plus officiel de l'enseignement d'état vient présenter à la nation française , comme le triomphe *de la vérité*, *du bon sens et de la vertu.*

Serait-ce une sanglante moquerie jetée à la face de ce peuple, pour le punir de s'être fait le serf d'un tel enseignement? ou, ignorant des premières conditions de la vérité et du bon sens, la philosophie serait-elle elle-même encore à la recherche de l'une et de l'autre ?

Dans tous les cas, nous pouvons aider à la solution du problème ; et comme le style de Rousseau est trop poétique, trop enthousiaste, trop métaphysique même pour être bien compris, quoi qu'on en dise, par un *philosophe* dont le goût prononcé pour le positif abhorre depuis longtemps la poésie et la fiction, mettons autrement, pour la logique et pour le français de notre temps, la profession de foi du *Vicaire savoyard*, dans un entretien à l'amiable et sans figures entre l'un et l'autre.


### L'UN.

Ne trouverai-je donc jamais de repos, même au fond du sépulcre! Faut-il que, jusqu'au sein du Dieu-tout, l'envie me poursuive, et que, me dépouillant de mon génie, s'emparant, par le plus indigne plagiat, de mes idées et de mes sentiments, elle en vienne à proclamer encore que ces idées *appartiennent à la tradition permanente du genre humain et aux philosophes les plus autorisés*, et qu'elles ne *sont avouées par une saine philosophie que parce qu'il n'y a rien de moi, ni dans elles, ni dans les arguments dont je me sers!*

### L'AUTRE.

Calmez-vous, ombre vénérable! c'est l'admiration et non l'envie qui m'a ainsi fait écrire ; et quand j'ai rappelé les traditions du genre humain et les philosophes les mieux autorisés, c'est moi et les miens dont j'ai voulu parler.

### L'UN.

Et qui êtes-vous donc, vous et les vôtres, pour vous emparer de mes dépouilles, et vous donner pour le genre humain et les philosophes les plus autorisés?

L'AUTRE.

Nous sommes, héroïque vieillard, les grands hommes de l'école éclectique, les fondateurs de la philosophie française. Nous sommes la tradition permanente du genre humain, parce que nous faisons gloire, et c'est ce que signifie le nom de notre école, de choisir et de prendre les idées et autre chose encore, partout où nous les trouvons. De tous les philosophes, nous sommes aussi les plus autorisés, parce que, depuis plus de vingt ans, *nous nous* AUTORISONS *nous-mêmes* et que NOUS N'AUTORISONS QUE NOUS.

L'UN.

Peste ! le moyen d'être pauvres et d'avoir tort avec de telles précautions ! Mais cette autorisation que vous vous donnez ainsi, quel empire peut-elle exercer sur les intelligences des autres, et de toute une grande nation aussi éclairée surtout que la nation française ?

L'AUTRE.

Quel empire ? un empire souverain. Nous sommes l'esprit, la raison, la conscience de l'état. Devant nous, devant nos décrets, nos ordonnances, nos arrêtés, nos statuts, s'inclinent avec respect et soumission, tribunaux, conseils administratifs, et les départements et les communes, le peuple souverain tout entier. Nous l'avons proclamé tout-puissant, éternel, Dieu, et nous sommes ses instituteurs uniques, ses moralistes, ses guides suprêmes. A *l'heure qu'il est, il ne reste à l'éclectisme d'autre ennemi que le sensualisme exclusif et le théocratisme fanatique, mais l'un et l'autre peu redoutables et comme frappés d'impuissance.* (1) Notre autorité s'étend jusqu'au catéchisme, jusqu'à la théologie. Nous seuls les faisons pour les écoles, ou donnons l'autorisation de les faire et de les enseigner, et le clergé lui-même se soumet aux grades théologiques que nous avons inventés *pour constater le savoir au sein du sacerdoce* (2), et que nous donnons, au nom de l'état, à qui nous jugeons être capable.

L'UN.

Les choses alors sont diablement changées depuis que j'ai quitté ce monde sublunaire! Il n'y a donc plus de Christophe de Beaumont, plus de Sorbonne, plus de Parlement?

L'AUTRE.

Nous sommes tout cela, ou nous le dominons. Nous sommes l'état, nous sommes l'université, les grands et les petits colléges, l'enseignement du droit, l'enseignement de la médecine, l'enseigne-

---

(1) *Manuel de philosophie, adopté pour l'enseignement des colléges royaux et communaux.*

(2) *Rapport officiel* du grand-maître Salvandy. 1838.

ment des sciences et des lettres, le supérieur, le moyen, l'inférieur enseignement. Nous sommes la Sorbonne et les Facultés de Théologie, et nos arrêtés mêmes sont sacrés à tous les degrés de magistrature qui ont remplacé les parlements. *Les pauvres prêtres isolés dans les campagnes, dépendant de la population qui les nourrit, ne peuvent échapper à un pouvoir national comme le nôtre ; et le haut clergé lui-même nous appartient par la nomination et le temporel.* (1) Et voilà ce qui vous explique comment nous pouvons donner au peuple français *la profession de foi de votre Vicaire savoyard*, comme son symbole à peu près définitif, la règle de ses mœurs, le code de ses vertus, la loi suprême de l'ordre social. C'est un immense honneur pour la philosophie, et une gloire immortelle pour vous, grand homme, qui nous servez de général et de drapeau dans cette marche *collossalement* progressive.

### L'UN.

Je n'en reviens pas ! et tout ce peuple si spirituel, si logicien, si plein de bon sens , se soumet ainsi tête baissée à la philosophie, c'est-à-dire , comme je l'ai publié cent fois, au charlatanisme, à la mauvaise foi , à la contradiction, au mensonge , au pour, au contre, au oui et au non en toute chose,

(1) *Rapport officiel* de M. Cousin. Cité par l'*Univers*, n° 851. 1842.

à l'obscur, au faux, à l'absurde! (1) Il vous livre, m'avez-vous dit, son esprit, son cœur, son âme, son corps, son être tout entier, à vous, philosophes, à votre athéisme, à votre scepticisme sans règle et sans frein, avec plus de docilité qu'il ne les soumettait autrefois à l'Église.

L'AUTRE.

Avec plus de docilité, sans aucun doute ; jamais l'Église n'a poussé si loin que nous sa domination. Elle ne s'occupait, dans sa surveillance en matière d'enseignement et dans sa censure des livres, que de sauvegarder son dogme et sa morale, laissant pleine liberté dans tout le reste, tandis que notre suprématie, à nous, s'étend sur tout, sur les dogmes comme sur la morale, sur les lettres comme sur les sciences, sur les langues comme sur l'histoire, sur les méthodes comme sur les prononciations ; nous sommes les éditeurs exclusifs de tous les livres classiques, des évangiles, même des alphabets. Tout s'incline devant notre souveraine juridiction et notre science universelle. Bien plus, cette grande et sublime nation, cet excellent peuple français nous émarge chaque année, sur ses budgets de toute sorte, les millions par centaines, pour que nous voulions bien nous charger et prendre soin de sa conscience, de sa raison, de ses opinions, de ses mœurs, de sa liberté ; et de père en fils,

_______

(1) Voyez les discours de Rousseau *sur les sciences et les arts, sur l'inégalité,* et *sa profession de foi* elle-même. pag. 18 et suiv.

entre nous soit dit , nous exploitons tout cela comme notre chose.

L'UN.

C'est un mystère qui passe ma raison ; il faut que ce peuple soit prodigieusement abêti depuis que vous l'avez fait Dieu.

L'AUTRE.

Profond penseur, vous savez bien, et quelle démonstration magnifique n'en avez vous pas donnée.! que l'homme-bête est beaucoup plus près de la nature que l'homme civilisé. Aussi le progrès en ce sens du peuple français est-il si rapide, que le chef de l'état vient de nous prier de le tempérer un peu ; et voilà pourquoi , après nous être consultés, nous venons de lui administrer la profession de foi de votre Vicaire savoyard , comme une potion calmante.

L'UN.

Comment donc ? une potion calmante ! prenez-vous donc mes œuvres pour une boutique d'apothicaire?

L'AUTRE.

Non pas certes , mais pour la vraie pharmacopée des âmes et des peuples, selon le langage antique: il y a tant de douceur et de vertu dans vos doctes médicaments !

L'UN.

Mais de quelle maladie s'agit-il donc ?

L'AUTRE.

Je vous l'ai dit : d'un progrès si accéleré qu'il ressemble beaucoup à la fièvre chaude et qu'il menace de tout emporter. On appelle ce mal *Communisme*. C'est une suite de doctrines mal digérées, une impétuosité d'humeurs qui veut abolir la propriété et proclamer la communauté des biens et des femmes.

L'UN.

Mais si ma science des âmes est tout ce que vous dites, il m'est avis, et je l'ai montré dans mes plus éloquents et mes plus doctes écrits, que cette maladie ressemble beaucoup à la santé. C'est l'homme dans l'état de nature, l'homme normal , et moi-même j'ai écrit ces lignes profondément humanitaires, en tête de la seconde partie de mon discours sur l'origine de l'inégalité parmi les hommes :

« Le premier qui , ayant enclos un terrain, s'a-
« visa de dire : *Ceci est à moi*, et trouva des gens
« assez simples pour le croire, fut le vrai fondateur
« de la société civile. Que de crimes , de guerres,
« de meurtres, que de misères et d'horreurs n'eût
« point épargnés au genre humain celui qui, arra-
« chant les pieux ou comblant le fossé , eût crié à ses
« semblables : *Gardez-vous d'écouter* CET IMPOSTEUR!
« *Vous êtes perdus si vous oubliez que les fruits sont*
« *à tous et que la terre n'est à personne.* »

J'ai dit aussi, dans la première partie du même discours, que la communauté des femmes, dans la vie des bois, serait incomparablement plus morale que ce qui se passe dans les sociétés que nous appelons civilisées ! Et je ne vois pas vraiment ce que vous avez pu trouver de contradictoire et d'opposé dans la profession de foi de mon Vicaire savoyard. On me reproche bien assez de contradictions réelles, sans que vous veniez encore me prêter celle-là.

L'AUTRE.

La profession de foi de votre Vicaire est le meilleur de vos ouvrages. (1) Vous y combattez l'athéisme ; vous y reconnaissez Dieu ?

L'UN.

Oui, mais le Dieu de la nature, un Dieu d'où l'on retranche tout ce qu'on ne comprend pas, comme l'éternité, l'infini ; un Dieu qui ne combat pas nos penchants, que lui-même nous a donnés et qui s'allient parfaitement, dans la conscience des hommes comme moi, avec la communauté des biens et avec celle des femmes, comme le prouve assez

---

(1) Qu'on juge des autres; et pourtant les professeurs de l'état les recommandent à l'envi, l'Émile et l'Héloïse même, où *il embrasse* avec *chaleur*, dit le Manuel de philosophie approuvé pour tous les colléges, *la cause du spiritualisme.* « Ce qui inspire leur « pensée et leurs livres, » dit en parlant de Rousseau et des autres écrivains de la même époque le grand inspecteur Matter, « c'est le « sentiment des injustices qu'a subies l'humanité; c'est la conscience « des prérogatives qu'elle a perdues et que redemande la raison. »

la conduite que j'ai tenue et que j'ai supposée à mon Vicaire savoyard, pour plus de ressemblance. Il s'en explique lui-même, on ne peut plus clairement (page 13): «On nous dit que la conscience est « l'ouvrage des préjugés; cependant, je sais par mon « expérience qu'elle s'obstine à suivre l'ordre de la « nature *contre toutes les lois des hommes.* On a beau « nous défendre ceci ou cela, le remords nous re-« proche toujours faiblement ce que nous permet la « nature bien ordonnée, à plus forte raison ce qu'elle « nous prescrit. O bon jeune homme ! elle n'a rien « dit encore à vos sens (et je lui avais déjà compté, et par le menu, toutes mes fredaines en ce genre, sans qu'il les désapprouvât, parce qu'elles étaient aussi les siennes); « souvenez-vous qu'on l'offense « encore plus quand on la prévient que QUAND ON « LA COMBAT. »

L'AUTRE.

Je sais bien que votre Dieu est comme le nôtre, *Dieu*, *nature*, *humanité*, et que nos professeurs en tirent, avec précaution pourtant, les mêmes conséquences; mais pour le peuple, qui vit de fictions, le nom est tout, et peu importe la chose. Vous admettez aussi la spiritualité de l'âme.

L'UN.

Il est vrai, je parle là-dessus comme sur beaucoup d'autres choses, mais je dis en termes exprès que *je sais que l'âme est, sans savoir son essence,* et

que *je ne puis raisonner sur des idées que je n'ai
pas.* Et plus loin : *Quand j'entends dire que mon
âme est spirituelle et que Dieu est un esprit, je m'indigne contre cet avilissement de l'essence divine,
comme si Dieu et mon âme étaient de même nature!*

### L'AUTRE.

Oui, je sais bien que la chose n'est pas si claire,
et que, dès que nous posons en principe, vous aussi
bien que moi, que Dieu n'a rien pu tirer du néant,
mais qu'il a tout tiré de lui-même, et la matière et
l'esprit, que la création n'est qu'une *extension de
son existence à d'autres êtres,* comme vous dites
si philosophiquement, force nous est bien d'avouer
que la matière est divine aussi bien que l'esprit, et
que, Dieu étant l'une et l'autre, par conséquent,
il n'y a pas entre les deux une bien grande différence. Mais le peuple n'y regarde pas de si près, et
lui dire qu'il a une âme, cela ne laisse pas que de
le retenir.

### L'UN.

Mais encore une fois, je ne vois pas en vérité
ce que vous trouvez dans ce Dieu-là, ou dans cette
âme, qui n'a ni enfer à craindre, ni préceptes posi-
tifs à observer, d'inconciliable avec la communauté
des biens et des femmes. Tout au contraire, dès
que l'essence divine est aussi le fond de la nature
de chaque homme et de chaque femme, aussi bien
que de chacun des animaux, sur quoi pourriez-vous

vous fonder pour autoriser ou maintenir entre eux une inégalité quelconque ? En vertu de quel principe donneriez-vous aux hommes d'autres lois que celles de la nature et de leur instinct ? Aussi entendez comme, d'un bout à l'autre de sa profession de foi, mon Vicaire proteste contre toutes les lois religieuses et profanes inventées par les hommes, et comme il en appelle sans cesse aux lois de la seule nature, interprétées par la raison de chacun, tout en levant son chapeau aux cultes établis et au mariage, comme le veut la prudence, mais seulement quand on n'est pas le plus fort et qu'on a à craindre les susceptibilités des maris !

L'AUTRE.

D'accord, d'accord; aussi bien en fais-je autant, ainsi que tous les miens; mais fût-on même le plus fort, encore faut-il ne pas aller trop vite, et les enfants qui, dès les premiers mois de leur naissance, s'allongent comme des hommes faits, ne sont pas nés viables. Et puis, il faut un apprentissage, une espèce de noviciat pour cette vie de communauté. Il y a ensuite la morale.... LA MORALE ! c'est un grand mot !

L'UN.

La morale, la morale ! elle est tout entière encore dans la vie de nature. *Toute la moralité de nos actions*, mon Vicaire le dit en termes exprès, *est dans le jugement que nous en portons nous-mê-*

*mes* , et toujours en consultant, bien entendu , les seules lois de la nature ; or, dans les lois de la nature, il n'est question ni de propriété , ni de mariage , encore moins d'une femme unique. Allez, je vois votre affaire. Vous êtes un vrai philosophe, comme je les ai tous connus. Vous avez de bonnes raisons pour redouter une égalité véritable, et ce sont les seules que vous taisiez. La réduction de vos rentes et de vos pensions , la cessation de vos monopoles , qui vous rendent souverains et tout-puissants , effraient *votre conscience.* Il y a long-temps que je sais que le ventre, l'orgueil et la cupidité, sont le siége et les principaux ingrédients de toutes les consciences de philosophes. Mais au moins ne faudrait-il pas me rendre complice, même après ma mort , de tant d'hypocrisie et d'une aussi tortueuse machination.

### L'AUTRE.

Génie immortel , nous vous regardons comme toujours vivant; et si vous partagiez les stériles labeurs de notre modeste vie, à coup sûr, vous feriez comme nous. Tout en maugréant contre la philosophie , vous avez toujours fidèlement pratiqué les défauts dont vous l'accusiez dans votre humeur noire; il nous en souvient, et si nous avions pu l'oublier , vos confessions seraient là pour nous le rappeler; vous ne craigniez ni la pluralité des tables , ni la pluralité des femmes, ni l'argent nécessaire pour vous les procurer; vous saviez même, grâce aux hospices, économiser les frais d'éducation de vos enfants, et suppléer ainsi aux bourses fondées de notre temps pour y pourvoir. Vous voyez bien, d'ailleurs, que nous ne voulons pas arrêter un progrès qui est tout entier et notre ouvrage et le vôtre, puisque nous avons choisi pour remède, non quelques-uns des ouvrages fanatiques de Fénélon ou de Bossuet, beaucoup trop métaphysiques, c'est-à-dire, trop radicalement opposés, comme chrétiens, à la grande œuvre de la nature ou du communisme, et capables de l'entraver tout à fait par la clarté et la force de leurs preuves, mais la profession de votre Vicaire, de votre prototype, de vous-même, médicament véritablement anodin, ou plutôt, comme parle la médecine moderne, tout à fait homœopathique...... Mais votre figure a changé! vos yeux sortent de la tête! vrai philosophe, naïf vieillard, homme de la nature, auriez-vous besoin....?

L'UN.

Injure! injure et compliment! compliment et flatterie que je déteste! et c'est par là que vous prétendez m'empêcher de m'inscrire en faux contre vos mensonges, votre hypocrisie, et vos outragés à la nature et aux progrès! Toutes les pages de ma profession de foi protestent contre de si audacieuses prétentions; et quand il n'en resterait qu'une, elle crierait encore dans chacune de ses lignes : Nature! raison! conscience au jugement de chacun! Dieu tout! communauté des biens! communauté des femmes! vie des bois! vie sublime de la nature! Et pourtant, je dois le dire parce que je suis sincère, toutes ces opinions de ma jeunesse, je les ai parfois rétractées, je les ai parfois reprises pour les rétracter encore, et j'ai hautement confessé, dans ma lettre à M. d'Alembert, que je n'entendais pas qu'on pût être vertueux sans religion ; *j'eus longtemps,* ajoutai-je, *cette opinion trompeuse dont je suis bien désabusé.*

Et l'autre pâlit à ce discours que l'ombre, en s'allongeant et devenant couleur de feu, rendait plus terrassant et plus effroyable encore. Troublé, ébloui, il chercha à fuir ; mais le rayonnement d'un éclair parti des yeux de l'ombre pénétra sa poitrine ; d'affreux remords le déchirèrent, et comme un coup de foudre, il entendit retentir au loin, au milieu d'épaisses fumées et de bruits de carnage, le refrain du sang et de l'incendie :

> Aux armes, citoyens! formez vos bataillons.
> Tuons, rusons !
> A la victoire et terres et maisons.

## C'ÉTAIT LE COMMUNISME!

Et la logique dit au vicaire savoyard et a ses éditeurs :

## DANS VOS PRINCIPES, IL A RAISON!

# IX.

## CONCLUSION DE LA PREMIÈRE PARTIE.

> *Hæc dicit Dominus: Interrogate de semitis antiquis, quæ sit via bona, et ambulate in ea : et invenietis refrigerium animabus vestris. Et dixerunt : Non ambulabimus... Ideo audi terra : Ecce ego adducam mala super populum istum, fructum cogitationum ejus.*
>
> Et le Seigneur dit : Examinez , parmi les anciens sentiers , quelle est la bonne voie, et marchez-y, et vous trouverez le remède et le rafraîchissement. Et ils dirent: Nous n'y marcherons pas... Terre, sois donc attentive ! voici que je vais faire tomber sur ce peuple les maux, fruits de ses pensées. (*Jérémie, ch. 6, v.* 16, 18 *et* 19.)

Sans Dieu créateur , vengeur et rémunérateur, point de loi, nulle sanction efficace.

Sans religion positive et descendant de Dieu par la révélation, point de devoir fixe, point de droit, point de morale.

Anarchie dans les intelligences , anarchie dans les cœurs, orgueil et égoïsme partout ; partout, besoin effréné de despotisme, anéantissement radical des notions mêmes de la liberté.

« Le mal est grave, » disait, il y a déjà plusieurs années un illustre publiciste ; « il croît d'année en « année ; il déborde ; il ravage la société. Le remède

« est urgent, mais il faut qu'il soit efficace..... Une
« corruption sourde et latente se glisse au sein
« même des campagnes. On a, il est vrai, bâti des
« salles d'école plus aérées et des chambres d'insti-
« tuteurs avec grenier au-dessus. On a tapissé l'in-
« térieur de la salle de tableaux de ba, be, bi, bo,
« bu, et de figures d'animaux artistement coloriées.
« L'instruction prend à peu près partout les appa-
« rences et les semblants d'une culture variée et
« florissante. Mais l'*éducation* manque, et les le-
« çons de morale religieuse ne pénètrent pas assez
« les jeunes enfants, filles et garçons ; on ne leur
« apprend pas assez à aimer Dieu dans le ciel et
« leurs parents sur la terre, qui sont les représen-
« tants de Dieu. Ceci est tout à fait digne de fixer
« l'attention sérieuse du gouvernement. C'est son
« devoir, c'est aussi son intérêt ; car UN PEUPLE QUI
« N'A PAS DE RÈGLES SURES DE MORALITÉ, NE PEUT
« AVOIR LE SENTIMENT PROFOND DE LA LIBERTÉ NI DE
« L'ORDRE ; ET SANS ORDRE NI LIBERTÉ, IL N'Y A PAS
« DE GOUVERNEMENT POSSIBLE. » (Cormenin.
*Rapport à l'Académie des sciences morales, sur
l'empoisonnement par l'arsenic.*)

« Il est donc urgent, » disait deux ans plus tard
le premier président de la première Cour d'appel,
« d'écarter de nos écoles l'indifférence de la reli-
« gion, l'oubli des dogmes, la négligence des prati-
« ques ; il faut préserver notre corps social d'une
« influence funeste. Plus que bien d'autres, je suis,
« dans mes fonctions habituelles, à portée de re-

« connaître la voie périlleuse où nous marchons.
« Je ne vous déroulerai pas un tableau qui contriste
« fréquemment la justice, *dans l'appréciation de*
« tant d'actes injustes ou malhonnêtes de la vie ci-
« vile, et de leur défense témérairement entreprise.
« Je ne vous affligerai pas de détails d'immoralité,
« de perversité, de forfanterie de crimes, se faisant
« un théâtre de l'échafaud, et dont les récits devien-
« nent malheureusement populaires. Il n'est qu'un
« remède efficace à ce désordre profond : c'est une
« *éducation sincèrement religieuse*, qui ne soit pas
« un accessoire facultatif de l'enseignement litté-
« raire, mais qui entre dans tous ses moyens, res-
« sorte de toutes ses parties, dont l'exemple accom-
« pagne le précepte. » (1)

« Ce remède est infiniment senti par les hommes
« qui réfléchissent ; il était naguère avoué par *un*
« *personnage avantageusement placé pour voir et*

----

(1) Déposition de M. l'abbé Serre, premier vicaire de St-Thomas-
d'Aquin, dans l'enquête sur le 15 mai et les journées de juin.

« ............ Il a entendu parler d'une congrégation d'ouvriers;
il la croit dans d'excellentes dispositions, et si les événements de
février se sont accomplis avec tant de générosité de la part du peuple, le témoin pense qu'on le doit en partie à l'association de St-
Vincent-de-Paul pour les jeunes gens, et de St-François-Xavier
pour les ouvriers. M. l'abbé Ledreuille est le directeur de cette
congrégation. Presque tous les enfants de la Garde mobile sortent
de cette congrégation et de l'école de M. l'abbé Bervanger. » Or,
tout a été fait par l'état-Louis-Philippe pour faire fermer cette
école, et l'on est allé jusqu'à traduire en police correctionnelle, et à
faire condamner, si la mémoire ne nous fait défaut, M. l'abbé
Bervanger lui-même.

« *juger*, (M. Villemain). S'épanchant familièrement
« avec un de ses anciens condisciples, *qui n'a pas
« confié ses fils à l'enseignement universitaire :* Ce
« n'est pas certainement l'instruction qui nous
« manque, lui dit-il, c'est le sens moral. »

Sous un autre rapport, voici le témoignage du
plus grand écrivain des temps modernes, et au
point de vue des intérêts vers lesquels, de nos
jours, tous les autres convergent : « N'en déplaise, »
disait, dès 1817, M. de Châteaubriand à la Chambre des pairs, « n'en déplaise à ceux qui n'ont ad-
« ministré que dans nos troubles, ce n'est pas le
« gage matériel, c'est la morale d'un peuple qui
« fait le crédit public. »

« Quand vous seriez maîtres de la moitié de l'Eu-
« rope, si *vous n'assurez les fortunes particulières,
« vous n'aurez point de fortune générale.* »

« La France, pendant le règne révolutionnaire,
« a possédé tous les biens du clergé, des émigrés,
« de la couronne, tant sur son vieux sol que dans
« ses conquêtes, et la France a fait banqueroute. »

« La France, sous Bonaparte, levait des contri-
« butions de guerre énormes, augmentait chaque
« année le domaine extraordinaire, et tous les ans,
« il y avait un arriéré indéfini, et un arriéré indéfini
« est une banqueroute. »

Sous Louis-Philippe, en pleine paix, le budget,
chaque année, grandissait et atteignait des proportions inouïes dans nos annales financières ; et
cependant, la dette flottante croissait chaque an-

née indéfiniment, et menaçait de la banqueroute, ou de tous les embarras financiers qui écrasent maintenant la république.

« Ce n'est donc point, conclut le célèbre publi- « ciste, le gage matériel, encore une fois, qui fait « le crédit, c'est la justice. Soyez intègres, moraux, « *religieux surtout*, et la confiance que l'on aura « dans votre probité vous fera trouver des tré- « sors..... » (Séance du 21 mars 1817.)

De quelque côté que l'on considère la question sociale et le fléau qui menace de tout engloutir, il n'y a donc qu'un seul remède possible, dans la conviction des hommes éminents de tous les partis honnêtes :

C'EST LA RELIGION , C'EST LA MORALE POSITIVE QU'ELLE SEULE ENSEIGNE.

Et cependant, les idées subversives , déposées, pendant près d'un siècle, dans les têtes des nouvelles générations par l'enseignement général et forcé de l'état, fermentent partout, et tendent, sous toutes les formes, à se traduire en actes. C'est une loi, loi inflexible , nécessaire comme la logique ; les mœurs elles-mêmes , quelles que soient leurs résistances , sont obligées de plier et d'en subir les dissolvantes conséquences. Et ce mal immense grandit encore : comme une mer qui a rompu ses digues, il monte, s'élargit, chaque année, chaque jour, à chaque heure, et menace de tout envahir. L'Église, entravée, enchaînée dans tous ses enseignements, dans tous ses ministères, par une multitude de ser-

vitudes savamment combinées, voit ses efforts incessants atténués, paralysés, presque anéantis.
La force de son ascendant, de sa divine autorité,
lutte encore, comme un profond souvenir, dans
les masses, dont, pendant quinze siècles, ses ineffables mystères ont pénétré jusqu'au sang; mais chaque jour, on sent ce souvenir baisser, s'effacer, s'éteindre comme une lampe sans aliment; chaque
jour, on sent son action s'évanouir, comme celle
d'un levier sans point d'appui; et l'on voit les populations, d'hommes surtout et dans les meilleures
cités, lui échapper, pour se ranger sous quelqu'une
des formes du communisme.

Les mesures préparées pour bannir des écoles
des filles jusqu'aux maternelles auxiliaires que l'Église de France y avait conservées par les plus
grands sacrifices (la reconnaissance passive, entre autres, de la suprématie de l'état, en matière d'enseignement), menacent de faire marcher de pair, dans
l'un et l'autre sexe des campagnes et des villes, la
corruption et l'anarchie d'une impiété sans frein,
comme depuis longtemps l'avaient annoncé les
habiles placés à la tête de la conspiration anti-sociale. Les ténèbres grossissent, s'élargissent, s'épaississent de toutes parts; l'atmosphère pèse lourde
sur les poumons oppressés, et plus d'un éclair annonçant la foudre et la tempête, ont déjà sillonné
la nue.

Qui donc rendra aux esprits les croyances et la
foi?

Qui donc redonnera aux cœurs la morale positive et les généreuses vertus qui marchent à sa suite?

— L'état?

Mais l'état, nous venons de frémir à la démonstration, n'a ni autorité, ni mission en pareille matière, et l'incontestable expérience d'un siècle entier, et des vingt dernières années surtout, est là pour l'attester, à défaut des démonstrations logiques, aux plus aveugles et aux plus impies, par des faits lamentables.

Mais c'est de l'autorité, une autorité souveraine comme Dieu, qu'il faut pour inculquer des croyances, enseigner et faire pratiquer la morale, rasseoir la société sur ses fondements ébranlés. Mais c'est une grâce toute-puissante de mission divine qui est nécessaire pour toucher les cœurs et incliner les esprits.

— La philosophie?

Mais les faits encore ici en disent plus que les discours. La philosophie, c'est l'anarchie systématisée. C'est elle qui a créé parmi nous, nourri et propagé le communisme. Nos démonstrations sur ce point encore ont été poussées jusqu'à l'évidence; et l'appui que l'état a donné à la philosophie, en la couvrant de son nom, en l'engraissant de l'or de nos budgets, n'a servi qu'à donner à l'anarchie, à la dissolution convulsive de tous les liens, l'extension et les proportions fatales qui secouent et agitent le monde, et font pencher vers les abîmes les sociétés les mieux affermies.

De quelque côté que les peuples malades se re-
tournent, sur ces sentiers âpres et désolés, ils ne
rencontreront, c'est une loi qui n'a jamais failli,
que le despotisme et l'anarchie, ou la barbarie et
la mort.

Force est donc d'interroger les anciennes voies,
et d'en revenir enfin et franchement A L'ÉGLISE :

A LA LIBERTÉ DE L'ÉGLISE , A LA LIBERTÉ DE SON
CULTE , à la liberté de ses enseignements, par les
langues et par l'histoire, par la littérature et par les
sciences, sans suspicion et sans entraves. Est-elle
donc une étrangère , elle qui a fait notre belle
France comme les abeilles font une ruche ? Est-elle
donc une inconnue, elle dont les droits de cité,
dans l'univers entier et sous toutes les formes de
gouvernement, ont été acquis par dix-huit siècles
de bienfaits, de vertus, de sacrifices et d'incom-
parable civilisation ?

Elle seule a reçu de celui à qui tout appartient,
et qui seul peut la donner, la mission d'enseigner
tous les âges, toutes les conditions, tous les peuples, avec la certitude de ne pouvoir jamais errer.

Elle seule a une autorité incontestable et absolument souveraine, à offrir à toute raison de bonne
foi ; une autorité de dix-huit siècles ; une autorité
démontrée divine, et par cette durée, et par une
multitude de faits évidemment au-dessus de toutes
les forces humaines.

Nul peuple , quelque décrépit que les passions
ou les révolutions l'aient fait, ne l'a admise à la li-

bre pratique, sans sentir, sous sa douce et persuasive action, une nouvelle vie circuler dans ses veines, avec toutes les mâles et généreuses vertus qui font les grands hommes, les grands peuples et les grandes choses.

Au XI<sup>e</sup> et XII<sup>e</sup> siècle, par la seule influence de l'Église, dit un auteur contemporain, chaque commune en France avait son école gratuite; tous les grands centres, des écoles supérieures célèbres dans toute l'Europe; nos livres surpassaient en nombre et en mérites ceux de tous les autres pays; nous marchions à la tête des plus magnifiques progrès, de la civilisation la plus resplendissante; et le jour qui, de la France, s'étendait sur le monde entier, n'avait rien de semblable aux feux livides de l'incendie ou de la tempête: c'était la douce et fécondante lumière d'un soleil pur et serein (1).

(1) « Si les écoles, » dit Frédéric Hurter, traduit par Jean Cohen, bibliothécaire à Sainte-Geneviève, « si les écoles tiraient évidemment leur origine de l'Église, et si c'était pour l'Église qu'elles avaient été établies; si, par conséquent, tout ce qui a été fait dans ce siècle, par rapport aux sciences, avait sa source dans l'Église, il existait pourtant encore d'autres écoles, indépendamment de celles des cathédrales et des couvents. L'abbé Guibert de Nogent assure que, de son temps (XII<sup>e</sup> et XIII<sup>e</sup> siècle), il n'y avait pas en France une ville ni même un bourg qui ne possédât une école, où les personnes mêmes de basse extraction pouvaient se faire instruire, et c'est peut-être pour cette raison que la France fut appelée la contrée riche en écrivains, *Gallia scriptoribus dives*. Des auteurs modernes ont, non-seulement soutenu, mais encore démontré que, depuis le temps de Charlemagne, aucun siècle ne produisit un nombre aussi incroyable d'hommes versés dans les sciences que le

Donc, entre la liberté de l'Église, de ses écoles et de ses enseignements, et l'anarchie, le despotisme et tous les maux, fruits de nos pensées impies, qui, sous le nom de communisme, menacent de tout engloutir, il n'y a point de milieu.

Mais d'autres causes du communisme, les exemples et les faits, appellent de semblables remèdes : il est temps de les examiner.

douzième et la première moitié du treizième, et que cette époque présente une richesse étonnante d'ouvrages de tout genre et un grand nombre de génies remarquables. » (*Hist. litt. de la France*, IX. 1, 2.) Les notices sur les écrivains de ce siècle et sur leurs écrits remplissent à elles seules six volumes in-4°. Celui qui voudra bien se donner la peine de les parcourir, aura sans doute de la difficulté à se rendre compte de l'emploi si fréquent de nos jours de cette expression : *Les ténèbres du moyen-âge. (Tableau des institutions et des mœurs de l'Église au moyen-âge*, tom. III, pag. 400.)

**FIN DE LA PREMIÈRE PARTIE.**

# TABLE.

———

FIN DE LA TABLE.

9 782013 438711